WORKBOOK/VIDEO MANUAL

¡VIVA!

Primer curso de lengua española

Donley • Blanco

TECHNOLOGY EDITION

VISTA
HIGHER LEARNING

Boston, Massachusetts

ISBN-13: 978-1-60007-577-3
ISBN-10: 1-60007-577-0

1 2 3 4 5 6 7 8 9 10 DBH 12 11 10 09 08 07

Contenido

WORKBOOK

VIDEO MANUAL

iv

Introduction

The ¡VIVA! Workbook/Video Manual

Completely coordinated with the ¡VIVA! student textbook, the Workbook/Video Manual for ¡VIVA! provides you with additional practice of the vocabulary, grammar, and language functions presented in each of the textbook's sixteen lessons. The Workbook/Video Manual will also help you to continue building your reading and writing skills in Spanish. Icons and page references in the **recursos** boxes of the ¡VIVA! student textbook correlate the Workbook and Video Manual to your textbook, letting you know when exercises and activities are available for use. Answers to the Workbook and Video Manual are located in a separate answer key booklet.

The Workbook

Each lesson's workbook activities focus on developing your reading and writing skills as they recycle the language of the corresponding textbook lesson. Exercise formats include, but are not limited to, true/false, multiple choice, fill-in-the-blanks, sentence completions, fleshing out sentences from key elements, and answering questions. You will also find activities based on drawings, photographs, and maps.

Reflecting the overall organization of the textbook lessons, each workbook lesson consists of **Preparación, Gramática,** and **¡Vivan los países hispanos!** sections. After every four lessons, a **Repaso** section appears, providing cumulative practice of the grammar and vocabulary you learned over previous lessons.

The Video Manual
Escenas Video

The **Escenas** video offers from 5 to 7 minutes of footage for fifteen lessons of the student textbook. Each module tells the continuing story of four college students from various Spanish-speaking countries who are studying at the **Universidad San Francisco de Quito** in Ecuador. They have all decided to spend their vacation break taking a bus tour of the Ecuadorian countryside with the ultimate goal of climbing up a volcano. The video, shot in a variety of locations throughout Ecuador, tells their story and the story of the tour bus driver who accompanies them.

The video modules contain three distinct elements. First, you will see a dramatic episode that brings the themes, vocabulary, grammar, and language functions of the corresponding textbook alive. These vignettes are always expanded versions of the ones featured in the ¡VIVA! sections of your textbook. Within virtually every episode, one of the main characters reminisces about where he or she is from. During these flashbacks, you will see collages of cultural images specially shot in Spain, Mexico, Puerto Rico, and Ecuador that will give you additional insights into the everyday life of Spanish speakers in several areas of the world. Finally, each module ends with a **Resumen** section in which a main character recaps the dramatic episode, emphasizing the grammar and vocabulary of the corresponding textbook lesson within the context of the episode's key events.

The video activities will guide you through the video modules. **Antes de ver el video** offers previewing activities to prepare you for successful video viewing experiences. **Mientras ves el video** contains while-viewing activities that will guide you through each module, targeting key ideas and events in the dramatic episodes, flashbacks, and **Resumen** sections. Lastly, **Después de ver el video** provides post-viewing activities that check your comprehension and ask you to apply these materials to your own life or offer your own opinions.

¡Vivan los países hispanos! Video

The **¡Vivan los países hispanos!** video is integrated with the **¡Vivan los países hispanos!** section in each even-numbered lesson of **¡VIVA!**. Each segment is 2–3 minutes long and consists of documentary footage from the countries of focus. The images were specially chosen for interest level and visual appeal.

As you watch the video segments, you will experience a diversity of images and topics: cities, monuments, traditions, festivals, archaeological sites, geographical wonders, and more. You will be transported to each Spanish-speaking country including the United States and Canada, thereby having the opportunity to expand your cultural perspectives with information directly related to the content of your textbook.

The video activities that accompany the **¡Vivan los países hispanos!** video will prepare you for viewing and guide you through the video modules using the same pre-, while-, and post-viewing activity structure as the **Escenas** video activities.

We hope that you will find the **¡VIVA!** Workbook/Video Manual to be a useful language learning resource and that it will help you to increase your Spanish-language skills in a productive, enjoyable fashion.

The ¡VIVA! authors and the Vista Higher Learning editorial staff

Nombre _la velizabeth_ Fecha _____

PREPARACIÓN   **Lección 1**

Workbook

1 Saludos For each question or expression, write the appropriate answer from the box in each blank.

| Nos vemos. | El gusto es mío. | Soy de Ecuador. | De nada. |
| Me llamo Pepe. | Muy bien, gracias. | Nada. | Encantada. |

1. ¿Cómo te llamas? _Me llamo Pepe_
2. ¿Qué hay de nuevo? _Nada_
3. ¿De dónde eres? _Soy de Ecuador_
4. Adiós. _Nos vemos_
5. ¿Cómo está usted? _Muy bien, gracias_
6. Mucho gusto. _El gusto es mío_
7. Te presento a la señora Díaz. _Encantada_
8. Muchas gracias. _De nada_

2 Conversación Complete this conversation by writing one word in each blank.

ANA Buenos días, señor González. ¿Cómo _está_ (1) _usted_ (2)?

SR. GONZÁLEZ _Muy_ (3) bien, gracias. ¿Y tú, _como_ (4) estás?

ANA Bien. _Le_ (5) presento a Antonio.

SR. GONZÁLEZ Mucho _____ (6), Antonio.

ANTONIO El gusto _____ (7) _____ (8).

SR. GONZÁLEZ ¿De dónde _____ (9), Antonio?

ANTONIO _____ (10) _____ (11) México.

ANA _____ (12) luego, señor González.

SR. GONZÁLEZ Nos _____ (13), Ana.

ANTONIO _____ (14), señor González.

3 Saludos, despedidas y presentaciones Complete these phrases with the missing words. Then write each phrase in the correct column of the chart.

1. ¿_Qué_ pasa?
2. _Hasta_ luego.
3. _Mucho_ gusto.
4. Te _presento_ a Irene.
5. ¿_Cómo_ estás?
6. _Buenos_ días.
7. El _gusto_ es mío.
8. Nos _vemos_.

Saludos	Despedidas	Presentaciones

Lección 1 Workbook Activities

1

4 **Los países** Fill in the blanks with the name of the Spanish-speaking country that is highlighted in each map.

1. _____

4. _____

2. _____

5. _____

3. _____

5 **Diferente** Write the word or phrase that does not belong in each group.

1. Hasta mañana.
   Nos vemos.
   Buenos días.
   Hasta pronto.

   _____

2. ¿Qué tal?
   Regular.
   ¿Qué pasa?
   ¿Cómo estás?

   _____

3. Ecuador
   Washington
   México
   Estados Unidos

   _____

4. Muchas gracias.
   Muy bien, gracias.
   No muy bien.
   Regular.

   _____

5. ¿De dónde eres?
   ¿Cómo está usted?
   ¿De dónde es usted?
   ¿Cómo se llama usted?

   _____

6. Chau.
   Buenos días.
   Hola.
   ¿Qué tal?

   _____

GRAMÁTICA

1.1 Nouns and articles

1 **¿Masculino o femenino?** Write the correct definite article before each noun. Then write each article and noun in the correct column.

1. _____ hombre   4. _____ pasajero   7. _____ chico

2. _____ profesora   5. _____ mujer   8. _____ pasajera

3. _____ chica   6. _____ conductora   9. _____ profesor

Masculino	**Femenino**
_____	_____
_____	_____
_____	_____
_____	_____
_____	_____

2 **¿El, la, los o las?** Write the correct definite article before each noun.

1. _____ autobús   6. _____ mano

2. _____ maleta   7. _____ país

3. _____ lápices   8. _____ problema

4. _____ diccionario 9. _____ cosas

5. _____ palabras   10. _____ diarios

3 **Singular y plural** Give the plural form of each singular article and noun and the singular form of each plural article and noun.

1. unas capitales _____   6. unas escuelas _____

2. un día _____   7. unos mapas _____

3. un cuaderno _____   8. un programa _____

4. unos números _____   9. unos autobuses _____

5. una computadora _____   10. una palabra _____

4 **Las cosas** For each picture, provide the noun with its corresponding definite and indefinite articles.

1. _____   2. _____   3. _____   4. _____

_____   _____   _____   _____

Workbook

1.2 Numbers 0–30

1 **Los números** Solve the math problems to complete the crossword puzzle.

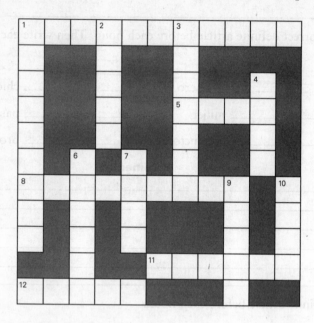

1. (*horizontal*) veinte más cinco
1. (*vertical*) once más once
2. seis más tres
3. diez más cuatro
4. trece menos trece
5. veintiséis menos quince
6. doce más ocho

7. veintinueve menos diecinueve
8. treinta menos catorce
9. veintitrés menos dieciséis
10. siete más uno
11. veinticinco menos veintiuno
12. once más dos

2 **¿Cuántos hay?** Write sentences that indicate how many items there are. Write out the numbers.

> **modelo**
> 2 cuadernos
> Hay *dos* cuadernos.

1. 3 diccionarios _____

2. 12 estudiantes _____

3. 10 lápices _____

4. 7 maletas _____

5. 25 palabras _____

6. 21 países _____

7. 13 grabadoras _____

8. 18 pasajeros _____

9. 15 computadoras _____

10. 27 pasajeros _____

1.3 Present tense of ser

1 **Los pronombres** In the second column, write the subject pronouns that you would use when addressing the people listed in the first column. In the third column, write the pronouns you would use when talking about them.

Personas	Addressing them	Talking about them
1. el señor Varela	_____	_____
2. Claudia, Eva y Ana	_____	_____
3. un hombre y dos mujeres	_____	_____
4. la profesora	_____	_____
5. un estudiante	_____	_____
6. el director de una escuela	_____	_____
7. tres chicas	_____	_____
8. un pasajero de autobús	_____	_____
9. Antonio y Miguel	_____	_____
10. una turista	_____	_____

2 **Son y somos** Complete these sentences with the correct forms of **ser**.

1. Los pasajeros _____ de Estados Unidos.

2. Nosotros _____ profesores.

3. La computadora _____ de Marisol.

4. La profesora _____ Elsa Jiménez.

5. Yo _____ de San Antonio.

6. ¿Quién _____ el conductor?

7. Tú _____ estudiante.

8. ¿De quiénes _____ las maletas?

3 **Nosotros somos...** Rewrite each sentence with the new subject. Change the verb **ser** as necessary.

> **modelo**
> Ustedes son profesores.
> Nosotros _somos profesores._

1. Nosotros somos estudiantes. Ustedes _____.

2. Usted es de Puerto Rico. Ella _____.

3. Nosotros somos conductores. Ellos _____.

4. Yo soy estudiante. Tú _____.

5. Ustedes son de Ecuador. Nosotras _____.

6. Ella es profesora. Yo _____.

7. Tú eres de España. Él _____.

8. Ellos son de México. Ellas _____.

Workbook

4 **¿De quién es?** Use **ser** + **de** (or **del**) to indicate that the object belongs to the person or people listed.

> *modelo*
> grabadora / el hombre
> **Es la grabadora del hombre.**

1. diccionario / el estudiante _____
2. cuadernos / las chicas _____
3. mano / Manuel _____
4. maletas / la turista _____
5. mapas / los profesores _____
6. autobús / el conductor _____
7. lápices / la joven _____
8. fotografía / los chicos _____
9. computadora / la directora _____
10. capital / el país _____

5 **¿De dónde son?** Use **ser** + **de** to indicate where the people are from.

> *modelo*
> Ustedes / Costa Rica
> **Ustedes son de Costa Rica.**

1. Lina y María / Colombia _____
2. El profesor / México _____
3. Tú y los jóvenes / Argentina _____
4. Las estudiantes / los Estados Unidos _____
5. Ellos / Ecuador _____
6. La mujer / Puerto Rico _____
7. Los turistas / España _____
8. Él y yo / Chile _____
9. Nosotras / Cuba _____
10. Usted / Venezuela _____

6 **¿De quién?** Write questions for these answers.

> *modelo*
> **¿De dónde son ellos?**
> Ellos son de España.

1. _____
   Los lápices son de Ramón.
2. _____
   Lilia es de Ecuador.
3. _____
   Es una foto.
4. _____
   Ellas son Marisa y Susana.

1.4 Telling time

1 **La hora** Give the time shown on each clock using complete sentences.

1. _____

2. _____

3. _____

4. _____

5. _____

6. _____

2 **¿Qué hora es?** Use complete sentences to tell the time.

1. 3:40 p.m. _____

2. 6:00 a.m. _____

3. 9:15 p.m. _____

4. 12:00 p.m. _____

5. 1:10 p.m. _____

6. 10:45 a.m. _____

7. 5:05 p.m. _____

8. 11:50 p.m. _____

9. 1:30 a.m. _____

10. 10:00 p.m. _____

Workbook

3 **El día de Marta** Use the schedule to answer the questions in complete sentences.

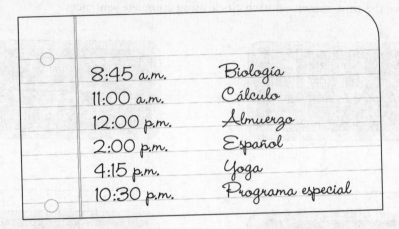

8:45 a.m.   Biología
11:00 a.m.   Cálculo
12:00 p.m.   Almuerzo
2:00 p.m.   Español
4:15 p.m.   Yoga
10:30 p.m.   Programa especial

1. ¿A qué hora es la clase de biología? _____

2. ¿A qué hora es la clase de cálculo? _____

3. ¿A qué hora es el almuerzo (*lunch*)? _____

4. ¿A qué hora es la clase de español? _____

5. ¿A qué hora es la clase de yoga? _____

6. ¿A qué hora es el programa especial? _____

4 **Síntesis** Answer the questions about yourself and your class using complete sentences.

1. ¿Cómo te llamas? _____

2. ¿De dónde eres? _____

3. ¿Qué hay de nuevo? _____

_____

4. ¿Qué hora es? _____

_____

5. ¿A qué hora es la clase de español? _____

_____

6. ¿Cuántos estudiantes hay en la clase de español? _____

_____

7. ¿Hay estudiantes de México en la clase? _____

_____

8. ¿A qué hora es tu (*your*) programa de televisión favorito? _____

_____

Lección 2

1 **Categorías** Read each group of items. Then write the word from the list that describes a category for the group.

cursos	cafetería	biblioteca
laboratorio	clase	geografía

1. sándwiches, tacos, sodas, bananas _____

2. mapas, capitales, países, nacionalidades _____

3. historia, matemáticas, geografía, lenguas extranjeras _____

4. microscopios, experimentos, química, elementos _____

5. libros, mesas, computadoras, sillas _____

6. pizarras, tiza, borrador, profesora, escritorios _____

2 **Buscar** (*Search*) Find school-related words in the grid, looking horizontally and vertically. Circle them in the puzzle, and write the words in the blanks.

S	P	F	Í	S	I	C	A	B	Q	G	Ñ	E
O	E	S	P	A	Ñ	O	L	E	U	S	B	R
C	X	B	E	C	O	N	U	M	Í	O	I	M
I	A	R	T	E	G	Q	F	A	M	F	O	I
O	M	C	A	C	L	Ó	U	R	I	V	L	N
L	E	P	R	U	E	B	A	A	C	D	O	G
O	N	U	E	O	N	E	Z	H	A	U	G	L
G	Ñ	D	A	M	C	L	A	S	E	T	Í	É
Í	E	J	I	L	R	I	E	M	C	I	A	S
A	P	E	R	I	O	D	I	S	M	O	P	I
D	S	T	H	O	R	A	R	I	O	Q	X	Á
K	U	M	A	N	I	P	Á	D	C	S	M	O

_____
_____
_____
_____

3 **El calendario** Use the calendar to answer these questions with complete sentences.

marzo

L	M	M	J	V	S	D
		1	2	3	4	5
6	7	8	9	10	11	12
13	14	15	16	17	18	19
20	21	22	23	24	25	26
27	28	29	30	31		

abril

L	M	M	J	V	S	D
					1	2
3	4	5	6	7	8	9
10	11	12	13	14	15	16
17	18	19	20	21	22	23
24	25	26	27	28	29	30

> **modelo**
>
> ¿Qué día de la semana es el 8 de abril (*April*)?
> El 8 de abril es sábado./Es sábado.

1. ¿Qué día de la semana es el 21 de marzo (*March*)? _____

2. ¿Qué día de la semana es el 7 de abril? _____

3. ¿Qué día de la semana es el 2 de marzo? _____

4. ¿Qué día de la semana es el 28 de marzo? _____

5. ¿Qué día de la semana es el 19 de abril? _____

6. ¿Qué día de la semana es el 12 de marzo? _____

7. ¿Qué día de la semana es el 3 de abril? _____

8. ¿Qué día de la semana es el 22 de abril? _____

9. ¿Qué día de la semana es el 31 de marzo? _____

10. ¿Qué día de la semana es el 9 de abril? _____

4 **Completar** Complete these sentences using words from the word bank.

biblioteca	universidad	laboratorio	computación	horario
profesora	examen	geografía	arte	tarea

1. La _____ de español es de México.

2. El _____ dice (*says*) a qué hora son las clases.

3. A las once hay un _____ de biología.

4. Martín es artista y toma (*takes*) una clase de _____.

5. Hay veinte computadoras en la clase de _____.

6. Los experimentos se hacen (*are made*) en el _____.

7. Hay muchos libros en la _____.

8. Los mapas son importantes en el curso de _____.

Workbook

GRAMÁTICA

2.1 Present tense of regular –ar verbs

1 **Tabla** (*Chart*) **de verbos** Write the missing forms of each verb.

			Present tense		
Infinitivo	yo	tú	usted, él, ella	nosotros/as	ustedes, ellos
1. cantar					
2. _____	pregunto				
3. _____		contestas			
4. _____			practica		
5. _____				deseamos	
6. _____					llevan

2 **Completar** Complete these sentences using the correct form of the verb in parentheses.

1. (viajar) Los turistas _____ en un autobús.

2. (hablar) Elena y yo _____ español en clase.

3. (llegar) Los estudiantes _____ a la residencia estudiantil.

4. (dibujar) Yo _____ un reloj en la pizarra.

5. (comprar) La señora García _____ libros en la librería de la universidad.

6. (regresar) Francisco y tú _____ de la biblioteca.

7. (terminar) El semestre _____ en mayo (*May*).

8. (buscar) Tú _____ a tus (*your*) compañeros de clase en la cafetería.

3 **¿Quién es?** Complete these sentences with the correct verb form.

busco	esperan	trabaja	regresamos
enseña	conversas	toman	compran

1. Nosotras _____ a las seis de la tarde.

2. Muchos estudiantes _____ el curso de periodismo.

3. Rosa y Laura no _____ a Manuel.

4. Tú _____ con los chicos en la residencia estudiantil.

5. El compañero de cuarto de Jaime _____ en el laboratorio.

6. Yo _____ un libro en la biblioteca.

7. Rebeca y tú _____ unas maletas para viajar.

8. La profesora Reyes _____ el curso de español.

4 **Usar los verbos** Form sentences using the words provided. Use the correct present tense or infinitive form of each verb.

1. Una estudiante / desear / hablar / con su profesora de biología.

_____

2. Mateo / bailar / en la cafetería de la universidad.

_____

3. Los profesores / contestar / las preguntas (questions) de los estudiantes.

_____

4. (Nosotros) / esperar / viajar / a Madrid.

_____

5. Ella / hablar / de (about) computación con su compañera de cuarto.

_____

6. (Yo) / necesitar / practicar / los verbos en español.

_____

5 **Negativo** Rewrite these sentences to make them negative.

1. Juanita y Raúl trabajan en la biblioteca. _____

2. El conductor llega al mediodía. _____

3. Deseo comprar tres cuadernos. _____

4. El estudiante espera a la profesora. _____

5. Estudiamos a las seis de la mañana. _____

6. Tú necesitas usar (use) la computadora. _____

6 **¿Y tú?** Use complete sentences to answer these yes or no questions.

> modelo
>
> ¿Bailas el tango?
> No, no bailo el tango.

1. ¿Estudias biología en la universidad?

_____

2. ¿Conversas mucho con los compañeros de clase?

_____

3. ¿Esperas estudiar administración de empresas?

_____

4. ¿Necesitas descansar después de (after) los exámenes?

_____

5. ¿Compras los libros en la librería?

_____

6. ¿Escuchas música jazz?

_____

2.2 Forming questions in Spanish

1 **Las preguntas** Make questions out of these statements by inverting the word order.

1. Ustedes son de Puerto Rico.

_____

2. El estudiante dibuja un mapa.

_____

3. Los turistas llegan en autobús.

_____

4. La clase termina a las dos de la tarde.

_____

5. Samuel trabaja en la biblioteca.

_____

6. Los chicos miran un programa de televisión.

_____

7. El profesor Miranda enseña la clase de sociología.

_____

8. Isabel compra cinco libros de historia.

_____

9. Mariana y Javier estudian para (for) el examen.

_____

10. Ellas conversan en la cafetería de la universidad.

_____

2 **Seleccionar** Choose an interrogative word from the list to write a question that corresponds with each response.

Dónde	Cuándo	Cuántos	Adónde
Quién	Qué	Por qué	

1. _____

Paco y Rosa caminan a la biblioteca.

2. _____

El profesor de español es de México.

3. _____

Hay quince estudiantes en la clase.

4. _____

El compañero de cuarto de Jaime es Manuel.

5. _____

La clase de física es en el laboratorio.

6. _____

Julia lleva una computadora portátil.

7. _____

El programa de televisión termina a las diez.

8. _____

Estudio biología porque (because) me gusta el laboratorio.

Workbook

3 **Muchas preguntas** Form four different questions from each statement.

1. Sara canta en el coro (*choir*) de la universidad.

_____

_____

_____

_____

2. La estudiante busca el libro de arte.

_____

_____

_____

_____

3. La profesora Gutiérrez enseña contabilidad.

_____

_____

_____

_____

4. Ustedes necesitan hablar con el profesor de historia.

_____

_____

_____

_____

4 **¿Qué palabra?** Write the interrogative word that makes sense in each question.

1. ¿_____ es la clase de administración de empresas?
   Es en la biblioteca.

2. ¿_____ estudias para los exámenes de matemáticas?
   Estudio por la noche (*at night*).

3. ¿_____ es el profesor de inglés?
   Es de los Estados Unidos.

4. ¿_____ libros hay en la clase de biología?
   Hay diez libros.

5. ¿_____ caminas con (*with*) Olga?
   Camino a la clase de biología con Olga.

6. ¿_____ enseña el profesor Hernández en la universidad?
   Enseña matemáticas.

7. ¿_____ llevas cinco libros en la mochila?
   Porque regreso de la biblioteca.

8. ¿_____ es la profesora de física?
   Es la señora Caballero.

2.3 The present tense of estar

1 **Están en...** Answer the questions based on the pictures. Write complete sentences.

1. ¿Dónde están Cristina y Bruno?

_____

2. ¿Dónde están la profesora y el estudiante?

_____

3. ¿Dónde está la puerta?

_____

4. ¿Dónde está la mochila?

_____

5. ¿Dónde está el pasajero?

_____

6. ¿Dónde está José Miguel?

_____

2 **¿Dónde están?** Use these cues and the correct form of **estar** to write complete sentences. Add any missing words.

1. libros / cerca / escritorio

_____

2. ustedes / al lado / puerta

_____

3. diccionario / entre / computadoras

_____

4. lápices / sobre / cuaderno

_____

5. estadio / lejos / residencias

_____

6. mochilas / debajo / mesa

_____

7. tú / en / clase de psicología

_____

8. reloj / a la derecha / ventana

_____

9. Rita / a la izquierda / Julio

_____

3 **¿Ser o estar?** Complete these sentences with the correct present-tense form of the verb **ser** or **estar**.

1. Sonia _____ muy bien hoy.

2. Las sillas _____ delante del escritorio.

3. Ellos _____ estudiantes de sociología.

4. Alma _____ de un pueblo (*town*) de España.

5. _____ las diez y media de la mañana.

6. Nosotras _____ en la biblioteca.

4 **El libro** Complete this cell phone conversation with the correct forms of **estar**.

GUSTAVO Hola, Pablo. ¿_____ en la residencia estudiantil?

1

PABLO Sí, _____ en la residencia.

2

GUSTAVO Necesito el libro de física.

PABLO ¿Dónde _____ el libro?

3

GUSTAVO El libro _____ en mi cuarto (*room*), al lado de la computadora.

4

PABLO ¿Dónde _____ la computadora?

5

GUSTAVO La computadora _____ encima del escritorio.

6

PABLO ¡Aquí (*Here*) _____ el libro de física!

7

5 **Conversación** Complete this dialogue with the correct forms of **ser** and **estar**.

PILAR Hola, Irene. ¿Cómo _____?

1

IRENE Muy bien, ¿y tú? ¿Qué tal?

PILAR Bien, gracias. Te presento a Pablo.

IRENE Encantada, Pablo.

PILAR Pablo _____ de México.

2

IRENE ¿De dónde en México _____?

3

PABLO _____ de Monterrey. ¿Y tú, de dónde _____?

4   5

IRENE _____ de San Juan, Puerto Rico.

6

PILAR ¿Dónde _____ Claudia, tu (*your*) compañera de cuarto?

7

IRENE _____ en la residencia de estudiantes.

8

PABLO Nosotros vamos a (*are going to*) la librería ahora.

PILAR Necesitamos comprar el manual del laboratorio de física.

IRENE ¿A qué hora _____ la clase de física?

9

PABLO _____ a las doce del mediodía. ¿Qué hora _____ ahora?

10   11

PILAR _____ las once y media.

12

IRENE ¡Menos mal que (*fortunately*) la librería _____ cerca del laboratorio!

13

PILAR Sí, no _____ lejos de la clase. Nos vemos.

14

IRENE Hasta luego.

PABLO Chau.

2.4 Numbers 31–100

1 **Números de teléfono** Provide the words for these telephone numbers.

> modelo
>
> 968-3659
>
> nueve, sesenta y ocho, treinta y seis, cincuenta y nueve

1. 776-7799

_____

2. 543-3162

_____

3. 483-4745

_____

4. 352-5073

_____

5. 888-7540

_____

6. 566-3857

_____

7. 492-6033

_____

8. 780-5770

_____

2 **¿Cuántos hay?** Use the inventory list to answer these questions about the number of items in stock at the school bookstore. Use complete sentences and write out the Spanish words for numbers.

Inventario			
lápices	91	mochilas	31
plumas	85	diccionarios	43
grabadoras	72	computadoras	30
cuadernos	50	mapas	66

1. ¿Cuántos mapas hay? _____

2. ¿Cuántas mochilas hay? _____

3. ¿Cuántos diccionarios hay? _____

4. ¿Cuántos cuadernos hay? _____

5. ¿Cuántas plumas hay? _____

6. ¿Cuántos lápices hay? _____

7. ¿Cuántas computadoras hay? _____

8. ¿Cuántas grabadoras hay? _____

Workbook

3   **Por ciento**   Use the pie chart to complete these sentences. Write out the Spanish numbers in words.

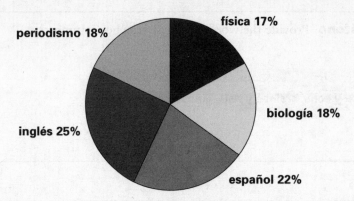

física 17%

periodismo 18%

biología 18%

inglés 25%

español 22%

1. Un _____ por ciento de los estudiantes estudian biología o física.

2. Un _____ por ciento de los estudiantes estudian inglés o periodismo.

3. Un _____ por ciento de los estudiantes no estudian ciencias (*sciences*).

4. Un _____ por ciento de los estudiantes no estudian biología.

5. Un _____ por ciento de los estudiantes estudian inglés o español.

6. Un _____ por ciento de los estudiantes no estudian idiomas (*languages*).

4   **Síntesis**   Imagine that a parent calls a college student during the second week of courses. Write questions that the parent might ask about the son or daughter's schedule, courses, and campus life. Use the cues provided. Then write possible answers.

> **modelo**
> ¿Cuándo termina la clase de español?
> La *clase de español* termina a las tres.

- ¿A qué hora...?
- ¿Dónde está...?
- ¿Qué cursos...?
- ¿Trabajas...?

- ¿Estudias...?
- ¿Qué días de la semana...?
- ¿Hay...?
- ¿Cuántos...?

_____

_____

_____

_____

_____

_____

_____

_____

¡VIVAN LOS PAÍSES HISPANOS!

Estados Unidos y Canadá

1   **Un mapa**   Write each of these words in the appropriate country in the map.

Bomba	Martin Sheen	Norteño
39.000.000 hispanos	300.000 hispanos	La Pequeña Habana
Geraldo Rivera	Alberto Manguel	Sergio Marchi
desfile de puertorriqueños		

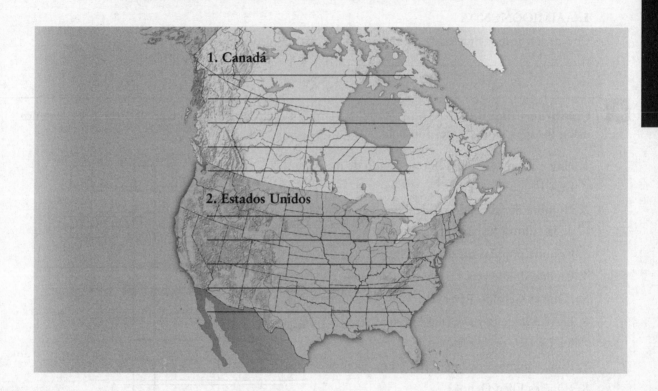

1. Canadá

2. Estados Unidos

2   **Hispanos en los Estados Unidos y Canadá**   Where do most Hispanics in the U.S. come from? Which state has the largest Hispanic population? Rank the regions and states from 1 (most) to 5 (least).

Hispanos en EE.UU.

_____ Cuba

_____ Puerto Rico

_____ México

_____ Centroamérica y Suramérica

_____ Otros países

Hispanos en Canadá

_____ Chile

_____ El Salvador

_____ México

_____ Otros países

3 **Palabras** Use the clues to put the letters in order and spell words from ¡Vivan los países hispanos! Then complete the following sentences.

1. QIRRTUPOESORÑEU

El desfile de junio en Nueva York es de _____.

2. EXCNAMIA

Los tacos son comida _____.

3. ABOUNC

La Pequeña Habana es un barrio _____.

4. PSÑSEOALE

El Palacio de los Gobernadores tiene orígenes _____.

5. AAIMIODNCNDA

Uno de los grupos musicales que es parte de la cultura hispana en Canadá es

_____.

4 **Palabras cruzadas** (*crossed*) Write one letter in each square. Then complete the final sentence using the new words formed in bold.

1. Hay muchos hispanos en este estado de los EE.UU.

2. Nombre de un grupo musical que es parte de la cultura hispana en Canadá

3. Comida popular mexicana

4. Ciudad donde está La Pequeña Habana

5. ¿Qué es Geraldo Rivera?

6. El 58,5% de la población hispana en los EE.UU. es de este país.

7. Primer nombre de una actriz latina famosa

8. ¿Qué es Ellen Ochoa?

9. ¿Qué tipo de comida son las quesadillas?

10. El 11,6% de la población hispana en Canadá es de este país.

11. Todos los años hay uno en Nueva York.

12. Apellido del dictador de Cuba

13. Influencia cultural visible en Canadá.

En _____ y en Canadá viven muchos hispanos.

PREPARACIÓN

1 **La familia** Look at the family tree and describe the relationships between these people.

Juan Carlos   Sofía

Raquel   Eduardo   Ana María   Luis Miguel

Concha   José Antonio   Ramón   Pilar   Joaquín

> **modelo**
> Eduardo / Concha
> *Eduardo es el padre de Concha.*

1. Juan Carlos y Sofía / Pilar

   _____

2. Pilar / Ana María y Luis Miguel

   _____

3. Eduardo / Raquel

   _____

4. José Antonio y Ramón / Concha

   _____

5. Raquel / Pilar

   _____

6. Concha, José Antonio y Ramón / Pilar

   _____

7. Ana María / Raquel

   _____

8. Joaquín / Ana María y Luis Miguel

   _____

2 Diferente Write the word that does not belong in each group.

1. ingeniera, médica, programadora, periodista, hijastra _____

2. cuñado, nieto, yerno, suegra, nuera _____

3. sobrina, prima, artista, tía, hermana _____

4. padre, hermano, hijo, novio, abuelo _____

5. muchachos, tíos, niños, chicos, hijos _____

6. amiga, hermanastra, media hermana, madrastra _____

3 Crucigrama Complete this crossword puzzle.

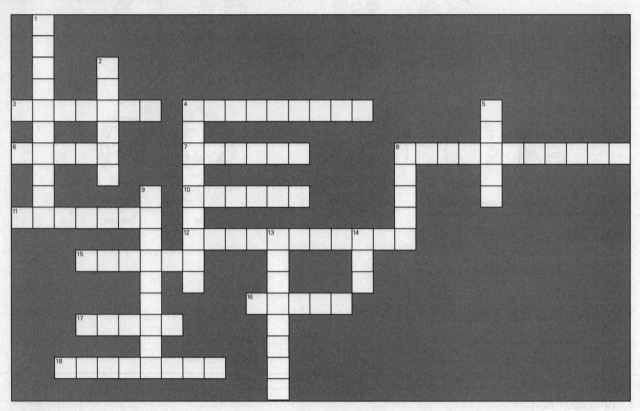

Horizontales

3. el hijo de mi hermano
4. la esposa de mi padre, pero no soy su hijo
6. el hijo de mi hija
7. el esposo de mi hermana
8. hombre que estudió (*studied*) computación
10. la madre de mi padre
11. padre, madre e (*and*) hijos
12. el hijo de mi madrastra, pero no de mi padre
15. doctor
16. tus nietos son los _____ de tus hijos
17. personas en general
18. la hija de mi esposa, pero no es mi hija

Verticales

1. mujer que escribe (*writes*) para el *New York Times*
2. compañeros inseparables
4. chicos
5. el esposo de mi madre es el _____ de mis abuelos
8. el hijo de mi tía
9. abuelos, primos, tíos, etc.
13. Pablo Picasso y Diego de Velázquez
14. el hermano de mi madre

GRAMÁTICA

3.1 Descriptive adjectives

1 **¿Cómo son?** Use the adjective in parentheses that agrees with each subject to write descriptive sentences about them.

> **modelo**
> gordo, delgada
> **Lidia:** Lidia *es delgada.*
> **El novio de Olga:** *El novio de Olga es gordo.*

(simpático, guapos, alta, bonitas)

1. la profesora de historia: _____

2. David y Simón: _____

3. el artista: _____

(trabajadora, viejo, delgadas, rubios)

4. esas (*those*) muchachas: _____

5. el abuelo de Alberto: _____

6. la programadora: _____

2 **Descripciones** Complete each sentence with the correct forms of the adjectives in parentheses.

1. Lupe, Rosa y Tomás son _____ (bueno) amigos.

2. Ignacio es _____ (alto) y _____ (guapo).

3. Lourdes y Virginia son _____ (bajo) y _____ (delgado).

4. Pedro y Vanessa son _____ (moreno), pero Diana es _____ (pelirrojo).

5. Nosotras somos _____ (inteligente) y _____ (trabajador).

6. Esos (*Those*) chicos son _____ (simpático), pero son _____ (tonto).

3 **Lo opuesto** (*The opposite*) Answer these questions using the adjective with the opposite meaning.

> **modelo**
> ¿Es alta Rosa?
> No, es baja.

1. ¿Es antipático el señor Lomas? _____

2. ¿Son morenas las hijas de Sara? _____

3. ¿Es fea la hermana de Eduardo? _____

4. ¿Son viejos los profesores de matemáticas? _____

5. ¿Son malos los nietos de la señora Sánchez? _____

6. ¿Es guapo el novio de Teresa? _____

4 **Origen y nacionalidad** Read the names and origins of the people in this tour group. Then write sentences saying what city they are from and their nationalities.

> **modelo**
> Álvaro Estrada / Miami, Estados Unidos
> Álvaro Estrada es de Miami. Es estadounidense.

1. Keiko y Benkei Taguchi / Tokio, Japón _____

2. Pierre y Marie Lebrun / Montreal, Canadá _____

3. Luigi Mazzini / Roma, Italia _____

4. Elizabeth Mitchell / Londres, Inglaterra (*England*) _____

5. Roberto Morales / Madrid, España _____

6. Andrés y Patricia Padilla / Quito, Ecuador _____

7. Paula y Cecilia Robles / San Juan, Puerto Rico _____

8. Conrad Schmidt / Berlín, Alemania (*Germany*) _____

9. Antoinette y Marie Valois / París, Francia _____

10. Marta Zedillo / Guadalajara, México _____

5 **Completar** Complete each sentence with the correct form of each adjective in parentheses.

(bueno)

1. La clase de matemáticas es muy _____.

2. Rogelio es un _____ compañero de cuarto.

3. Agustina compra una _____ mochila para la computadora.

4. Andrés y Guillermo son muy _____ amigos.

(malo)

5. Federico es antipático y una _____ persona.

6. Ahora es un _____ momento para descansar.

7. La comida (*food*) de la cafetería es _____.

8. Son unas semanas _____ para viajar.

(grande)

9. Hay un _____ evento en el estadio hoy.

10. Los problemas en esa (*that*) familia son muy _____.

11. La biblioteca de la universidad es _____.

12. La prima de Irma es una _____ amiga.

3.2 Possessive adjectives

1 **¿De quién es?** Answer each question affirmatively using the correct possessive adjective.

> **modelo**
> ¿Es tu maleta?
> Sí, es mi maleta.

1. ¿Es la mochila de Adela? _____

2. ¿Es mi clase de español? _____

3. ¿Son los papeles de la profesora? _____

4. ¿Es el diccionario de tu compañera de cuarto? _____

5. ¿Es tu novia? _____

6. ¿Son los lápices de ustedes? _____

2 **Sus parientes** Complete each sentence with the correct possessive adjective.

> **modelo**
> Lupe habla con ____su____ sobrina.

1. Yo hablo con _____ abuelos.

2. Carmen llega con _____ esposo Rafael.

3. Bailamos con _____ parientes.

4. Tú no bailas con _____ hermanastra.

5. Pepe y Teresa hablan con _____ tíos.

6. Escucho música con _____ sobrina.

3 **Clarificar** Clarify each sentence by adding a prepositional phrase that clarifies to whom the item(s) belong.

> **modelo**
> ¿Es su libro? (ellos)
> ¿Es el libro de ellos?

1. ¿Cuál es su problema? (ella)

   _____

2. Trabajamos con su madre. (ellos)

   _____

3. ¿Dónde están sus papeles? (ustedes)

   _____

4. ¿Son sus plumas? (ella)

   _____

5. ¿Quiénes son sus compañeros de cuarto? (él)

   _____

6. ¿Cómo se llaman sus sobrinos? (usted)

   _____

4 **Familia** Write the appropriate forms of the possessive adjectives indicated in parentheses.

1. _____ (*My*) cuñada, Isabella, es italiana.

2. _____ (*Their*) parientes están en Ecuador.

3. ¿Quién es _____ (*your* fam.) tío?

4. _____ (*Our*) padres regresan a las diez.

5. Es _____ (*his*) tarea de matemáticas.

6. Linda y María son _____ (*my*) hijas.

7. ¿Dónde trabaja _____ (*your* form.) esposa?

8. _____ (*Our*) familia es grande.

5 **Posesiones** Write sentences using possessive pronouns to indicate who owns these items.

> **modelo**
> Yo compro un escritorio.
> Es mi *escritorio.*

1. Ustedes compran cuatro sillas. _____

2. Tú compras una mochila. _____

3. Nosotros compramos una mesa. _____

4. Yo compro una maleta. _____

5. Él compra unos lápices. _____

6. Ellos compran una grabadora. _____

6 **Preguntas** Answer these questions using possessive adjectives and the words in parentheses.

> **modelo**
> ¿Dónde está tu amiga? (Quito)
> Mi amiga *está en Quito.*

1. ¿Cómo es tu padre? (alto y moreno)

_____

2. José, ¿dónde están mis papeles? (en el escritorio)

_____

3. ¿Cómo es la escuela de Felipe? (pequeña y vieja)

_____

4. ¿Son mexicanos los amigos de ustedes? (puertorriqueños)

_____

5. Mami, ¿dónde está mi tarea? (en la mesa)

_____

6. Cómo son los hermanos de Pilar? (simpáticos)

_____

3.3 Present tense of regular –er and –ir verbs

1 **Conversaciones** Complete these conversations with the correct forms of the verbs in parentheses.

(leer)

1. —¿Qué _____, Ana?

2. —_____ un libro de historia.

(vivir)

3. —¿Dónde _____ ustedes?

4. —Nosotros _____ en Nueva York. ¿Y tú?

(comer)

5. —¿Qué _____ ustedes?

6. —Yo _____ un sándwich y Eduardo _____ pizza.

(deber)

7. —Profesora, ¿_____ abrir nuestros libros ahora?

8. —Sí, ustedes _____ abrir los libros en la página (*page*) 87.

(escribir)

9. —¿_____ una carta, Melinda?

10. —Sí, _____ una carta para (*for*) mis padres.

2 **Frases** Write complete sentences using the correct forms of the verbs in parentheses.

1. (Nosotros) (Escribir) muchas composiciones en la clase de inglés.

_____

2. Esteban y Luisa (aprender) a bailar el tango.

_____

3. ¿Quién no (comprender) la lección de hoy?

_____

4. (Tú) (Deber) comprar un mapa de Quito.

_____

5. Ellos no (recibir) muchas cartas (*letters*) de sus padres.

_____

6. (Yo) (Buscar) unas fotos de mis primos.

_____

3 **¿Qué verbo es?** Choose the most logical verb to complete each sentence, using the correct form.

1. Tú _____ en el parque (*park*), ¿no? (abrir, correr, decidir)

2. Yo _____ a conciertos de Gloria Estefan. (asistir, compartir, leer)

3. ¿_____ a leer tu sobrino? (aprender, creer, deber)

4. Yo no _____ la tarea de física. (beber, vivir, comprender)

5. Los estudiantes _____ hamburguesas en la cafetería. (escribir, beber, comer)

6. Mi esposo y yo _____ el *Miami Herald*. (decidir, leer, deber)

4 **Tú y ellos** Rewrite each sentence using the subject in parentheses. Change the verb form and possessive adjectives as needed.

> **modelo**
> No asistimos a clase los domingos. (yo)
> *No asisto a clase los domingos.*

1. Rubén cree que la lección 3 es fácil. (ellos)

   _____

2. Mis hermanos comen hamburguesas en la cafetería. (la gente)

   _____

3. Aprendemos a hablar, leer y escribir en la clase de español. (yo)

   _____

4. Sandra escribe en su diario todos los días (*every day*). (tú)

   _____

5. Comparto mis problemas con mis padres. (Víctor)

   _____

6. Vives en una residencia interesante y bonita. (nosotras)

   _____

5 **Descripciones** Look at the drawings and use these verbs to describe what the people are doing.

abrir   aprender   comer   leer

1. Nosotros _____   2. Yo _____

3. Mirta _____   4. Los estudiantes _____

3.4 Present tense of **tener** and **venir**

1 **Completar** Complete these sentences with the correct forms of **tener** and **venir**.

1. ¿A qué hora _____ ustedes al estadio?

2. ¿_____ tú a la universidad en autobús?

3. Nosotros _____ una prueba en la clase de psicología mañana.

4. ¿Por qué no _____ Juan a la clase de historia?

5. Yo _____ dos hermanos y mi prima _____ tres.

6. ¿_____ ustedes fotos de sus parientes?

7. Mis padres _____ unos amigos japoneses.

8. Inés _____ con su esposo y yo _____ con Ernesto.

9. Marta y yo no _____ al laboratorio los sábados.

10. ¿Cuántos nietos _____ tú?

11. Yo _____ una clase de contabilidad a las once de la mañana.

12. Mis amigos _____ a comer a la cafetería hoy.

2 **¿Qué tienen?** Rewrite each sentence, using the logical expression with **tener**.

1. Los estudiantes (tienen hambre a, tienen miedo de) tomar el examen de química.

   _____

2. Las turistas (tienen sueño, tienen prisa) por llegar al autobús.

   _____

3. Mi madre (tiene cincuenta años, tiene razón) siempre (*always*).

   _____

4. Vienes a la cafetería cuando (*when*) (tienes hambre, tienes frío).

   _____

5. (Tengo razón, Tengo frío) en la biblioteca porque abren las ventanas.

   _____

6. Rosaura y María (tienen calor, tienen ganas) de mirar la televisión.

   _____

7. Nosotras (tenemos cuidado, no tenemos razón) con el sol (*sun*).

   _____

8. David toma mucho agua cuando (*when*) (tiene miedo, tiene sed).

   _____

3 **Expresiones con _tener_** Complete each sentence with the correct expression.

tener cuidado	tener mucha suerte	tener razón
tener ganas	tener que	tener miedo

1. Mis sobrinos _____ del perro (*dog*) de mis abuelos.

2. Necesitas _____ con la computadora portátil (*laptop*).

3. Yo _____ practicar el vocabulario de la clase de español.

4. Lola y yo _____ de escuchar música latina.

5. Anita cree que (*that*) dos más dos son cinco. Ella no _____.

6. Ganas (*You win*) cien dólares en la lotería. Tú _____.

4 **Síntesis** Choose an interesting relative of yours and write a description of that person. Answer these questions in your description.

1. ¿Quién es?
2. ¿Cómo es?
3. ¿De dónde viene?
4. ¿Cuántos hermanos/primos/hijos tiene?
5. ¿Cómo es su familia?
6. ¿Dónde vive?
7. ¿Cuántos años tiene?

_____

_____

_____

_____

_____

_____

_____

_____

_____

_____

_____

Workbook

PREPARACIÓN

Lección 4

1 **Los deportes** Name the sport associated with each object.

1. _____

2. _____

3. _____

4. _____

5. _____

6. _____

2 **Una es diferente** Write the word that does not belong in each group.

1. pasatiempo, diversión, ratos libres, trabajar _____

2. patinar, descansar, esquiar, nadar, bucear _____

3. baloncesto, películas, fútbol, tenis, vóleibol _____

4. museo, equipo, jugador, partido, aficionados/as _____

5. correo electrónico, revista, periódico, tenis _____

6. cine, aficionado/a, gimnasio, piscina, restaurante _____

3 **¿Qué son?** Write each of these words in the appropriate column in the chart.

aficionado/a	excursionista	montañas
restaurante	fútbol	gimnasio
jugador(a)	béisbol	baloncesto

Deportes	Lugares	Personas

4 **Completar** Complete these sentences with a word or expression presented in the **Preparación** section of your textbook. If the answer is a verb, be sure to provide the correct present-tense form.

1. Pablo _____ montañas en los Andes.

2. Tiger Woods es un gran _____ de golf.

3. Hay nueve jugadores en un _____ de béisbol.

4. María _____ los deportes todos los días (*every day*).

5. Mi compañera de cuarto _____ un mensaje electrónico a su madre.

6. Me gusta el _____ acuático.

7. El sábado y el domingo son los días del _____.

8. Juan y Carla _____ con tanques (*tanks*) de oxígeno en el mar (*sea*) Caribe.

9. Yo _____ mi revista favorita cada (*each*) mes.

10. Mi familia y yo _____ el monumento a Lincoln.

GRAMÁTICA

4.1 The present tense of ir

1 **Vamos a la universidad** Complete the paragraph with the correct forms of **ir**.

Alina, Cristina y yo somos buenas amigas. (Nosotras) _____ a la universidad a las
1
ocho de la mañana todos los días (*every day*). Ellas y yo _____ al centro de
2
computación y leemos el correo electrónico. A las nueve Alina y Cristina _____ a
3
su clase de psicología y yo _____ a mi clase de historia. A las diez y media yo
4
_____ a la biblioteca a estudiar. A las doce (yo) _____ a la
5   6
cafetería y como con ellas. Luego (*Afterward*), Alina y yo _____ a practicar
7
deportes. Yo _____ a practicar el fútbol y Alina _____ a la piscina.
8   9
Cristina _____ a trabajar en la librería. Los fines de semana Alina, Cristina y yo
10
_____ a ver películas y pasamos tiempo con nuestras familias y amigos.
11

2 **Sujetos diferentes** Change the subject of these sentences as indicated. Then rewrite the sentences, changing the forms of **ir** as needed.

1. Mis padres y yo vamos a casa de mis abuelos los fines de semana. (Mi primo)

_____

2. Ustedes van a la librería a comprar unos cuadernos. (Los estudiantes)

_____

3. Voy a la residencia estudiantil a buscar la mochila. (Tú)

_____

4. Susana va al estadio a practicar hockey. (Yo)

_____

5. Vas al museo de ciencias en autobús. (Nosotras)

_____

6. El papá de Javier va mucho al cine. (Mario y tú)

_____

3 Preguntas Answer these questions in complete sentences using the words in parentheses.

1. ¿Adónde va Ana hoy? (al laboratorio)

_____

2. ¿Cuándo van a bailar tus amigos? (mañana)

_____

3. ¿A qué hora vas a la clase de música? (a las 10:45)

_____

4. ¿Cuándo va a viajar José a Boston? (en septiembre)

_____

5. ¿Dónde vas a leer el correo electrónico? (en la residencia estudiantil)

_____

6. ¿Dónde va a nadar el novio de Silvia? (en la piscina)

_____

7. ¿Adónde va el autobús número diez? (al parque municipal)

_____

8. ¿Dónde vas a trabajar los sábados? (en la biblioteca)

_____

4 ¡Vamos! Rewrite these sentences using **ir a** + *infinitive* to say what activities these people are going to do tomorrow.

1. La familia García va al parque.

_____

2. Los jugadores ganan el partido.

_____

3. Los excursionistas escalan montañas.

_____

4. Gisela lee su correo electrónico.

_____

5. Tú decides ir al laboratorio de química.

_____

6. Mis compañeros de clase y yo visitamos la biblioteca del Congreso en Washington, D.C.

_____

7. El profesor de historia prepara un examen difícil.

_____

8. Escribo postales a mi novio/a.

_____

4.2 Stem-changing verbs: e→ie, o→ue

1 **Los verbos** Complete these sentences with the correct forms of the verbs in parentheses.

1. (pensar) Mi abuelo _____ que la educación es muy importante.

2. (perder) El equipo de béisbol de mi residencia no _____ nunca (*never*).

3. (volver) Marcelo _____ a la universidad el lunes.

4. (empezar) ¿A qué hora _____ los partidos?

5. (dormir) (Nosotros) _____ en la montaña cuando vamos de excursión.

6. (cerrar) Mis padres _____ las ventanas porque tienen frío.

7. (mostrar) El ilustrador _____ sus dibujos en la galería.

8. (recordar) (Yo) _____ el primer (*first*) día de clases en la universidad.

9. (querer) ¿_____ (tú) ir a visitar los monumentos con nosotros?

10. (encontrar) (Yo) No _____ mis notas para el examen de mañana.

2 **Oraciones** Write complete sentences using the cues provided.

1. Vicente y Francisco / jugar / al vóleibol los domingos

_____

2. Adela y yo / empezar / a tomar clases de tenis

_____

3. ustedes / volver / de Cancún el viernes

_____

4. los jugadores de béisbol / recordar / el importante partido

_____

5. la profesora / querer / leer el periódico

_____

6. el excursionista / preferir / escalar la montaña de noche

_____

7. (yo) / dormir / ocho horas al día

_____

8. Miguel / poder / salir / a las seis

_____

9. Silvina y Carlos / no encontrar / el museo

_____

10. (tú) / cerrar / los libros y te vas a dormir

_____

3 **No, no quiero** Answer these questions negatively, using complete sentences.

> **modelo**
> ¿Puedes ir a la biblioteca a las once?
> No, no puedo ir a la biblioteca a las once.

1. ¿Quieren ustedes patinar en línea con nosotros?

_____

2. ¿Empiezan ellas a practicar deportes mañana?

_____

3. ¿Prefieres jugar al fútbol a nadar en la piscina?

_____

4. ¿Duermen tus sobrinos en casa de tu abuela?

_____

5. ¿Juegan ustedes al baloncesto en la universidad?

_____

6. ¿Piensas que la clase de química orgánica es difícil?

_____

7. ¿Encuentras el programa de computadoras en la librería?

_____

8. ¿Vuelven ustedes a casa los fines de semana?

_____

9. ¿Puedo tomar el autobús a las once de la noche?

_____

10. ¿Entendemos la tarea de psicología?

_____

4 **Correo electrónico** Complete this e-mail message with the correct form of the logical verb. Use each verb once.

volver
preferir
empezar
jugar
entender
poder
dormir
querer
pensar
comprar

Para Daniel Moncada	De Raúl	Asunto Saludo

Daniel:

¿Qué tal? Estoy con Mario en el centro de computación de la universidad. Los exámenes _____ mañana. Mario y yo no _____ mucho porque
          1   2
tenemos que estudiar mucho. Tú _____ cómo estamos, ¿no?
                                        3
Yo _____ que los exámenes serán (will be) muy difíciles. Tengo muchas
        4
ganas de volver al pueblo. Cuando _____ al pueblo puedo descansar.
                                              5
Yo _____ el pueblo a la ciudad. _____ volver pronto.
        6   7
Si (If) Mario y yo _____ pasajes (tickets) de autobús el viernes,
                          8
_____ pasar el fin de semana contigo y con mi familia. En casa
        9
(At home) mis hermanos y yo _____ al fútbol en nuestro tiempo libre.
                                    10
Nos vemos,
Raúl

4.3 Stem-changing verbs: e→i

1 | **Completar** Complete these sentences using the correct form of the verb provided.

1. Al entrar al cine, mis hermanos _____ (pedir) una soda.

2. Mis hermanos dicen que _____ (preferir) las películas de acción.

3. Nosotros _____ (decidir) ver la película de las seis y media.

4. Mis hermanos y yo _____ (conseguir) entradas (*tickets*) para estudiantes.

5. Yo _____ (repetir) el diálogo para mis hermanos.

6. Mis hermanos son pequeños y no _____ (seguir) bien la película.

2 | **Conversaciones** Complete these conversations with the correct form of the verbs in parentheses.

(pedir)

1. —¿Qué _____ para comer, José?

2. —_____ pollo con ensalada.

(conseguir)

3. —¿Dónde _____ ustedes entradas (*tickets*) para estudiantes?

4. —Nosotros las _____ en la oficina de la escuela.

(repetir)

5. —¿Quién _____ el poema que voy a leer?

6. —Yo _____ el poema, profesora.

(seguir)

7. —¿Qué equipo _____ Manuel y Pedro?

8. —Pedro _____ a los Red Sox y Manuel _____ a los Yankees de Nueva York.

3 | **Preguntas** Answer the questions using complete sentences.

1. ¿Qué haces para conseguir buenas calificaciones (*grades*) en la escuela?

   _____

2. ¿Repites muchas veces una oración para aprenderla de memoria?

   _____

3. ¿Escribes mensajes electrónicos a tus compañeros de clase?

   _____

4. ¿Puedes seguir a tu profesora cuando ella da una explicación?

   _____

5. ¿Decides ir a jugar si tienes que estudiar?

   _____

6. Si tienes que salir durante la hora de clase, ¿pides autorización a tu profesora?

   _____

Workbook

4 **Las películas** Read the paragraph. Then answer the questions using complete sentences.

Gastón y Lucía leen el periódico y deciden ir al cine. Un crítico dice que *El café en el centro* es buena. Ellos siguen la recomendación. Quieren conseguir entradas (*tickets*) para estudiantes, que son más baratas. Para conseguir entradas para estudiantes, deben ir a la oficina de la escuela antes de las seis de la tarde. La oficina cierra a las seis. Ellos corren para llegar a tiempo. Cuando llegan, la oficina está cerrada y la secretaria está afuera (*outside*). Ellos le piden un favor a la secretaria. Explican que no tienen mucho dinero y necesitan las entradas para estudiantes. La secretaria sonríe y dice: "Está bien, pero es la última vez (*last time*)".

1. ¿Qué deciden hacer Gastón y Lucía?

   _____

2. ¿Siguen la recomendación de quién?

   _____

3. ¿Por qué Gastón y Lucía quieren conseguir entradas para estudiantes?

   _____

4. ¿Cómo y cuándo pueden conseguir entradas para estudiantes?

   _____

5. ¿Qué ocurre cuando llegan a la oficina de la escuela?

   _____

   _____

6. ¿Qué le piden a la secretaria? ¿Crees que les vende las entradas?

   _____

   _____

5 **Síntesis** Interview a classmate about his or her pastimes, weekend activities, and favorite sports. Use these questions as a guideline, and prepare several more before the interview. Then, write it up in a question-and answer format, using your subject's exact words.

- ¿Cuáles son tus pasatiempos? ¿Dónde los practicas?

- ¿Cuál es tu deporte favorito? ¿Practicas ese deporte? ¿Eres un/a gran aficionado/a? ¿Tu equipo favorito pierde muchas veces? ¿Quién es tu jugador/a favorito/a?

- ¿Adónde vas los fines de semana? ¿Qué piensas hacer este viernes?

- ¿Duermes mucho durante los fines de semana? ¿Vuelves a casa muy tarde?

_____

_____

_____

_____

_____

_____

4.4 Verbs with irregular yo forms

1 **Hago muchas cosas** Complete each sentence by choosing the best verb and writing its correct form.

1. (Yo) _____ un disco de música latina. (oír, suponer, salir)

2. (Yo) _____ la hamburguesa y la soda sobre la mesa. (poner, oír, suponer)

3. (Yo) _____ la tarea porque hay un examen mañana. (salir, hacer, suponer)

4. (Yo) _____ a mi sobrina a mi clase de baile. (traer, salir, hacer)

5. (Yo) _____ una película sobre un gran equipo de béisbol. (salir, suponer, ver)

6. (Yo) _____ a bailar los jueves por la noche. (ver, salir, traer)

7. (Yo) _____ que la película es buena, pero no estoy seguro (*sure*). (hacer, poner, suponer)

8. (Yo) _____ mi computadora portátil a clase en la mochila. (traer, salir, hacer)

2 **Completar** Complete these sentences with the correct verb. Use each verb in the correct form once.

ver	suponer	traer	poner
hacer	salir	oír	

1. _____ para la clase a las dos.

2. Los fines de semana _____ mi computadora a casa.

3. Yo _____ que tu novio es muy simpático, ¿no?

4. Por las mañanas _____ la radio y escucho un programa.

5. Cuando tengo hambre, _____ un sándwich.

6. _____ y _____ a mi compañero de cuarto todos los días.

3 **Preguntas** Answer these questions affirmatively, using complete sentences.

> **modelo**
> ¿Ves a tu familia los fines de semana?
> Sí, *veo a mi familia los fines de semana.*

1. ¿Sales mucho a bailar con tus amigas?

_____

2. ¿Ves a los jugadores de béisbol practicar para el partido?

_____

3. ¿Haces la tarea en el centro de computación?

_____

4. ¿Pones la computadora portátil (*portable*) sobre el escritorio en clase?

_____

5. ¿Oyes música clásica con tu compañera de cuarto?

_____

4 **Oraciones** Rewrite each sentence using **yo** as the subject and the correct verb form.

> modelo
> Alma y yo siempre traemos el libro a clase.
> *Siempre traigo el libro a clase.*

1. La excursionista sale a las seis de la mañana.

_____

2. Manuel trae la bicicleta a la universidad.

_____

3. Viviana hace un plato (*dish*) mexicano delicioso.

_____

4. Antonio supone que María tiene razón.

_____

5. Ángel pone las revistas sobre la mesa.

_____

6. Mi padre ve muchas películas.

_____

7. Mariana oye a las chicas que tocan (*play*) la guitarra.

_____

8. Los estudiantes ponen las mochilas debajo de la mesa.

_____

5 **La descripción** Read this description of Marisol. Then imagine that you are Marisol, and write a description of yourself based on the information you read. The first sentence has been done for you.

Marisol es estudiante de biología en la universidad. Hace sus tareas todas (*every*) las tardes y sale por las noches a bailar o a comer en un restaurante cerca de la universidad. Los fines de semana, Marisol va a su casa a descansar, pero (*but*) trae sus libros. En los ratos libres, oye música o ve una película en el cine. Si hay un partido de fútbol, Marisol pone la televisión y ve los partidos con su papá. Hace algo (*something*) de comer y pone la mesa (*sets the table*).

Soy estudiante de biología en la universidad. _____

_____

_____

_____

_____

_____

_____

Workbook

¡VIVAN LOS PAÍSES HISPANOS!

México

1 **Completar** Complete the following sentences using the correct words.

1. El 16 de septiembre en México celebran _____ .

2. A las celebraciones del 16 de septiembre se les llama _____ .

3. Diego Rivera y Frida Kahlo son los _____ mexicanos más famosos.

4. Los dos se interesaron en _____ de los indios y campesinos de _____ .

5. La cultura maya habitó _____ , _____ y _____ .

6. Los mayas crearon templos religiosos en forma de _____ .

7. _____ de la comida mexicana es la tortilla.

8. Los tacos y las enchiladas son tan populares en _____ como en _____ .

2 **¿Qué hacen?** Write complete sentences using the cues below.

1. La moneda mexicana / ser / ¿? _____

2. Los mayas / crear / ¿? _____

3. En el Museo de Arte Moderno de la Ciudad de México / tú / poder / ¿?

_____

4. En Acapulco miles de turistas / visitar / ¿? _____

5. Los mexicanos / celebrar / ¿? _____

6. La capital de México / tener una población / ¿?

_____

3 **Palabras** Using the clues, rearrange the letters to spell words from **Aventuras en los países hispanos**.

1. AL EUQDABAR _____
   Lugar de Acapulco donde saltan los saltadores.

2. EMACONIX _____
   Un hombre nacido en México.

3. DACUDI ZÁUJER _____
   Ciudad que está en la frontera entre México y los Estados Unidos.

4. MÁPEDIRI _____
   Forma de los templos religiosos mayas.

5. LAHCESNIAD _____
   Comida mexicana hecha con tortillas.

6. ALETAGAUM _____
   País que tiene frontera con México.

4 **Las fotos** Identify each photo.

1. _____

3. _____

2. _____

4. _____

5 **Preguntas** Answer the following questions in complete sentences.

1. ¿Cuáles son las cinco ciudades principales de México?

_____

2. ¿Qué países están en la frontera (*border*) con México?

_____

3. ¿Cuál es un río importante de México?

_____

4. ¿Cuáles son las dos sierras importantes de México?

_____

5. ¿Qué ciudad mexicana importante está en la frontera con los Estados Unidos?

_____

6. ¿En qué se interesaron Frida Kahlo y Diego Rivera?

_____

7. ¿Cómo celebran los mexicanos la independencia de su país?

_____

8. ¿Qué día celebran los mexicanos la independencia de su país?

_____

REPASO

1 **¿Ser o estar?** Complete each sentence with the correct form of **ser** or **estar**.

1. Los abuelos de Maricarmen _____ de España.

2. La cafetería de la universidad _____ cerca del estadio.

3. Gerónimo y Daniel _____ estudiantes de sociología.

4. —Hola, Gabriel. _____ María. ¿Cómo _____?

5. El cuaderno de español _____ debajo del libro de química.

6. Victoria no viene a clase hoy porque _____ enferma.

2 **¿Quiénes son?** Read the clues and complete the chart.

1. La persona de Estados Unidos tiene treinta y dos años.
2. David es de Canadá.
3. La programadora no es la persona de Ecuador.
4. El conductor tiene cuarenta y cinco años.
5. Gloria es artista.
6. La médica tiene cincuenta y un años.
7. La persona de España tiene ocho años menos que el conductor.
8. Ana es programadora.

Nombre	Profesión	Edad (*Age*)	Nacionalidad
Raúl	estudiante	diecinueve	mexicano
Carmen			
			estadounidense
David			
	programadora		

3 **Oraciones** Form complete sentences using the words provided. Write out the words for numbers.

1. Juan Carlos y Beto / jugar / fútbol

_____

2. estudiante / llegar / grande / biblioteca / 5:30 p.m.

_____

3. hay / 15 / cuadernos / sobre / escritorio

_____

4. yo / aprender / español / escuela

_____

5. conductora / autobús / no / ser / antipático

_____

6. nosotros / repetir / vocabulario

_____

4   **Diálogos** Complete these sentences with the correct form of the verb provided.

1. **ALICIA** ¿Qué _____ este fin de semana? (hacer)

2. **PACO** No _____ planes. ¿Y tú? (tener)

3. **ALICIA** El sábado _____ al cine con David. (ir)

4. **ALICIA** ¿A qué hora _____ la película? (empezar)

5. **DAVID** _____ que empieza a las nueve. (Suponer)

6. **ALICIA** ¿_____ ir al restaurante *El Dorado* a las siete? (Querer)

5   **Conversaciones** Complete the conversation with the appropriate questions.

1. _____

   Vivo en la residencia estudiantil.

2. _____

   Tomo cinco clases.

3. _____

   Estudio periodismo.

4. _____

   Mi profesor favorito es el señor Zamora.

6   **Tu familia** Imagine that these people are your relatives. Choose one and write several sentences about that person. First, say where the person is located in the photo. Include this information: name, relationship to you, profession, age, and place of origin. Describe the person and his or her weekend activities using the adjectives and verbs you have learned.

_____

_____

_____

_____

_____

1 **Viajes** Complete these sentences with the logical words.

1. Una persona que tiene una habitación en un hotel es _____.

2. El lugar donde los pasajeros esperan el tren es _____.

3. Para viajar en avión, tienes que ir _____.

4. Antes de entrar (*enter*) en el avión, tienes que mostrar _____.

5. La persona que lleva el equipaje a la habitación del hotel es _____.

6. Para planear (*plan*) tus vacaciones, puedes ir a _____.

7. Cuando entras a un país diferente, tienes que pasar por _____.

8. Para abrir la puerta de la habitación, necesitas _____.

9. Hay habitaciones baratas (*cheap*) en _____.

10. Cuando una persona entra en un país, tiene que mostrar _____.

2 **¿Qué es?** Label each item on the corresponding blank.

3 **Los meses** Write the appropriate month next to each description or event.

1. el Día de San Valentín _____

2. el tercer mes del año _____

3. Hannukah _____

4. el Día de las Madres _____

5. el séptimo mes del año _____

6. el Día de Año Nuevo (*New*) _____

4 **¿Qué tiempo hace?** Write the appropriate weather expression(s) for each situation.

1. Natalia y Francisco van a esquiar.

_____

2. No puedo salir a tomar el sol.

_____

3. Mis primos van a practicar el *windsurf*.

_____

4. Ellas no pueden ver nada afuera (*outside*).

_____

5. Ustedes practican el esquí acuático.

_____

6. La abuela de Miguel pone el ventilador (*fan*).

_____

7. Necesitamos hacer una hoguera (*bonfire*) en la montaña.

_____

8. Tengo que comprar un paraguas (*umbrella*).

_____

9. Jaime cierra todas las ventanas de la casa.

_____

10. Tienen que cancelar el partido de béisbol.

_____

5 **De vacaciones** Complete this conversation with the logical words.

playa	hotel	equipaje	llegada
aeropuerto	hacer turismo	confirmar	pasajes
sacar fotos	taxi	pasaportes	agente de viajes

ANTONIO ¿Llevas todo (*everything*) lo que vamos a necesitar para el viaje, Ana?

ANA Sí. Llevo los _____ para subir (*get on*) al avión. También llevo
                              1

los _____ para entrar (*enter*) en Ecuador.
                2

ANTONIO Y yo tengo el _____ con todas (*all*) nuestras cosas.
                                        3

ANA ¿Tienes la cámara para _____?
                                              4

ANTONIO Sí, está en mi mochila.

ANA ¿Vamos al _____ en metro?
                              5

ANTONIO No, vamos a llamar a un _____. Nos lleva directamente al aeropuerto.
                                                  6

ANA Voy a llamar al aeropuerto para _____ la reservación.
                                                        7

ANTONIO La _____ dice (*says*) que está confirmada ya (*already*).
                          8

ANA Muy bien. Tengo muchas ganas de _____ en Quito.
                                                          9

ANTONIO Yo también quiero ir a la _____ y nadar en el mar.
                                                    10

ANA ¿Cuál es la hora de _____ al aeropuerto de Quito?
                                        11

ANTONIO Llegamos a las tres de la tarde y vamos directamente al _____.
                                                                                  12

GRAMÁTICA

5.1 Estar with conditions and emotions

1 **¿Por qué?** Choose the best phrase to complete each sentence and write it in the blank.

1. José Miguel está cansado porque _____.
   a. trabaja mucho
   b. su familia lo quiere
   c. quiere ir al cine

2. Los viajeros están preocupados porque _____.
   a. es la hora de comer
   b. va a venir un huracán (*hurricane*)
   c. estudian matemáticas

3. Maribel y Claudia están tristes porque _____.
   a. nieva mucho y no pueden salir
   b. van a salir a bailar
   c. sus amigos son simpáticos

4. Los estudiantes están equivocados porque _____.
   a. estudian mucho
   b. pasean en bicicleta
   c. no saben (*know*) la respuesta

5. Laura está enamorada porque _____.
   a. tiene que ir a la biblioteca
   b. su novio es simpático, inteligente y guapo
   c. sus amigas ven una película

6. Mis abuelos están felices porque _____.
   a. vamos a pasar el verano con ellos
   b. mucha gente toma el sol
   c. el autobús no llega

2 **Completar** Complete these sentences with the correct form of **estar** + condition or emotion.

1. No tenemos nada que hacer; _____ muy _____.

2. Humberto _____ muy _____ en su gran cama nueva (*new*).

3. Los estudiantes de filosofía nunca (*never*) _____ _____; siempre tienen razón.

4. Cuando Estela llega a casa a las tres de la mañana, _____ muy _____.

5. La habitación _____ _____ porque no tengo tiempo (*time*) de organizar los libros y papeles.

6. Son las once de la noche; no puedo ir a la biblioteca ahora porque _____ _____.

7. El auto de mi tío _____ muy _____ por la nieve y el lodo (*mud*) que hay esta semana.

8. Mi papá canta en la casa cuando _____ _____.

9. Alberto _____ _____ porque sus amigos están muy lejos.

10. Las ventanas _____ _____ para que entre el fresco.

Workbook

3   Marta y Juan Complete this letter using **estar** + the correct forms of the following emotions and conditions. Use each term once.

triste	aburrido	desordenado	cómodo
ocupado	nervioso	abierto	feliz
enamorado	seguro	contento	cansado

Querida Marta:

¿Cómo estás? Yo _____ (1) porque mañana vuelvo a Puerto Rico y por fin te voy a ver. Sé (I know) que tú _____ (2) porque tenemos que estar separados durante el semestre, pero _____ (3) de que (that) te van a aceptar en la universidad y que vas a venir en septiembre. La habitación en la residencia estudiantil no es grande, pero mi compañero de cuarto y yo _____ (4) aquí. Las ventanas son grandes y _____ (5) siempre (always) porque el tiempo es muy bueno en California. El cuarto no _____ (6) porque mi compañero de cuarto es muy ordenado. En la semana mis amigos y yo _____ (7) porque trabajamos y estudiamos muchas horas al día. Cuando llego a la residencia estudiantil por la noche, _____ (8) y me voy a dormir. Los fines de semana no _____ (9) porque hay muchas cosas que hacer en San Diego. Ahora _____ (10) porque mañana tengo que llegar al aeropuerto a las cinco de la mañana y está lejos de la universidad. Pero tengo ganas de estar contigo (with you) porque _____ (11) de ti (you) y _____ (12) porque te voy a ver mañana.

Te quiero mucho,
Juan

4   ¿Cómo están? Read each sentence, then write a new one for each, using **estar** + an emotion or condition to tell how these people are doing or feeling.

> **modelo**
> Pepe tiene que trabajar muchas horas.
> **Pepe está ocupado.**

1. Vicente y Mónica tienen sueño. _____
2. No tenemos razón. _____
3. El pasajero tiene miedo. _____
4. Paloma se quiere casar con (marry) su novio. _____
5. Los abuelos de Irene van de vacaciones a Puerto Rico. _____
6. No sé (I don't know) si el examen va a ser fácil o difícil. _____

5.2 The present progressive

1 **Completar** Complete these sentences with the correct form of **estar** + the present participle of the verbs in parentheses.

1. (buscar) Ana _____ un apartamento en el centro de la ciudad.

2. (comer) Vamos a ver a mis primos que _____ en el café de la esquina.

3. (empezar) (Yo) _____ a entender muy bien el español.

4. (vivir) Miguel y Elena _____ en un apartamento en la playa.

5. (trabajar) El amigo de Antonio _____ en la oficina hoy.

6. (jugar) (Tú) _____ al Monopolio con tu sobrina y su amiga.

7. (tener) Las familias _____ muchos problemas con los hijos adolescentes.

8. (abrir) El inspector de aduanas _____ las maletas de Ramón.

9. (pensar) (Nosotros) _____ en ir de vacaciones a Costa Rica.

10. (estudiar) Mi compañera de cuarto _____ en la biblioteca esta tarde.

2 **Están haciendo muchas cosas** Look at the illustration and label what each person is doing. Use the present progressive.

1. El señor Rodríguez _____.

2. Pepe y Martita _____.

3. Paquito _____.

4. Kim _____.

5. Tus abuelos _____.

6. (Yo) _____.

7. La madre de David _____.

8. (Tú) _____.

5.3 Comparing **ser** and **estar**

1 **Usos de *ser* y *estar*** Complete these sentences with **ser** and **estar**. Then write the letter for the use of the verb in the blank at the end of the sentence.

Uses of *ser*	Uses of *estar*
a. Nationality and place of origin	i. Location or spatial relationships
b. Profession or occupation	j. Health
c. Characteristics of people and things	k. Physical states or conditions
d. Generalizations	l. Emotional states
e. Possession	m. Certain weather expressions
f. What something is made of	n. Ongoing actions (progressive tenses)
g. Time and date	
h. Where an event takes place	

1. El concierto de jazz _____ a las ocho de la noche. _____

2. Inés y Pancho _____ preocupados porque el examen va a ser difícil. _____

3. La playa _____ sucia porque hay demasiados (*too many*) turistas. _____

4. No puedo salir a tomar el sol porque _____ nublado. _____

5. En el verano, Tito _____ empleado del hotel Brisas de Loíza. _____

6. Rita no puede venir al trabajo hoy porque _____ enferma. _____

7. La motocicleta que ves frente a la residencia _____ de David. _____

8. (Yo) _____ estudiando en la biblioteca porque tengo un examen mañana. _____

9. La piscina del hotel _____ grande y bonita. _____

10. _____ importante estudiar, pero también tienes que descansar. _____

2 **¿Ser o estar?** In each of the following pairs, complete one sentence with the correct form of **ser** and the other with the correct form of **estar**.

1. Irene todavía no _____ lista para salir.

   Ricardo _____ el chico más listo de la clase.

2. Tomás no es un buen amigo porque _____ muy aburrido.

   Quiero ir al cine porque _____ muy aburrida.

3. Mi mamá está en cama (*in bed*) porque _____ mala del estómago (*stomach*).

   El restaurante que está cerca del laboratorio _____ muy malo.

4. La mochila de Javier _____ verde (*green*).

   Me gustan las bananas cuando _____ verdes.

5. Elena _____ más rubia por tomar el sol.

   La hija de mi profesor _____ rubia.

6. Gabriela _____ muy delgada porque está enferma.

   Mi hermano _____ muy delgado.

3 **Escribir** Write sentences using these cues and either **ser** or **estar** as appropriate.

1. el escritorio / limpio y ordenado

_____

2. el restaurante japonés / excelente

_____

3. la puerta del auto / abierta

_____

4. Marc y Delphine / franceses

_____

5. (yo) / cansada de trabajar

_____

6. Paula y yo / buscando un apartamento

_____

7. la novia de Guillermo / muy simpática

_____

8. la empleada del hotel / ocupada

_____

9. ustedes / en la ciudad de San Juan

_____

10. (tú) / José Javier Fernández

_____

4 **La familia Piñero** Complete this paragraph with the correct forms of **ser** and **estar**.

Los Piñero _____ de Nueva York pero _____ de vacaciones en
             1   2

Puerto Rico. _____ en un hotel grande en el pueblo de Dorado. Los padres
              3

_____ Elena y Manuel y ahora _____ comiendo en el restaurante
      4   5

del hotel. Los hijos _____ Cristina y Luis y _____ nadando en la
                            6   7

piscina cubierta (*indoor*). Ahora mismo _____ lloviendo pero el sol va a salir
                                                8

muy pronto (*soon*). Hoy _____ lunes y la familia _____
                              9   10

muy contenta de poder descansar. El señor Piñero _____ profesor y la señora
                                                         11

Piñero _____ médica. Los Piñero dicen (*say*): «¡Cuando no
              12

_____ de vacaciones, _____ siempre muy ocupados!»
      13   14

Workbook

5.4 Direct object nouns and pronouns

1 **Oraciones** Complete these sentences with the correct direct object pronouns.

1. ¿Trae Daniel su pasaporte? No, Daniel no _____ trae.

2. ¿Confirma la reservación el agente de viajes? Sí, el agente de viajes _____ confirma.

3. ¿Hacen las maletas Adela y Juan José? Sí, Adela y Juan José _____ hacen.

4. ¿Buscas el pasaje en tu mochila? Sí, _____ busco en mi mochila.

5. ¿Compra Manuela una casa nueva (*new*)? Sí, Manuela _____ compra.

6. ¿Necesita lápices especiales el estudiante? No, el estudiante no _____ necesita.

7. ¿Cierran las puertas cuando empieza el examen? Sí, _____ cierran cuando empieza el examen.

8. ¿Ves mi computadora nueva? Sí, _____ veo.

9. ¿Escuchan el programa de radio David y Sonia? Sí, David y Sonia _____ escuchan.

10. ¿Oyen ustedes a los niños en el patio? No, no _____ oímos.

2 **Quiero verlo** Rewrite each of these sentences in two different ways, using direct object pronouns.

modelo
Quiero ver la película esta tarde.
La quiero ver esta tarde./Quiero verla esta tarde.

1. Preferimos reservar una habitación doble.

_____

2. Ana y Alberto pueden pedir las llaves de la pensión.

_____

3. Rosario tiene que conseguir un pasaje de ida y vuelta a Miami.

_____

4. Vas a perder el tren si no terminas a las cinco.

_____

5. Mis abuelos deben tener cuatro maletas en su casa.

_____

6. La chica piensa tomar el metro por la mañana.

_____

PREPARACIÓN

Lección 6

1 **El almacén** Look at the department store directory. Then complete the sentences with terms from the word list.

Almacén Gema

PRIMER PISO	Departamento de caballeros
SEGUNDO PISO	Zapatos y ropa de invierno
TERCER PISO	Departamento de damas y óptica
CUARTO PISO	Ropa interior, ropa de verano y trajes de baño

corbatas	calcetines	abrigos	vestidos
cinturones	trajes de baño	faldas	pantalones de hombre
guantes	gafas de sol	medias	blusas
sandalias	bolsas	trajes de hombre	botas

1. En el primer piso puedes buscar _____

2. En el segundo piso puedes buscar _____

3. En el tercer piso puedes buscar _____

4. En el cuarto piso puedes buscar _____

5. Quiero unos pantalones cortos. Voy al _____ piso.

6. Buscas unas gafas. Vas al _____ piso.

7. Arturo ve una chaqueta en el _____ piso.

8. Ana ve los bluejeans en el _____ piso.

2 **Necesito de todo** (*everything*) Complete these sentences with the correct terms.

1. Voy a nadar en la piscina. Necesito _____ .

2. Está lloviendo mucho. Necesito _____ .

3. No puedo ver bien porque hace sol. Necesito _____ .

4. Voy a correr por el parque. Necesito _____ .

5. Queremos entrar en muchas tiendas diferentes. Vamos al _____ .

6. No tengo dinero en la cartera. Voy a pagar con la _____ .

3 **Los colores** Answer these questions in complete sentences.

1. ¿De qué color es el chocolate?

_____

2. ¿De qué color son las bananas?

_____

3. ¿De qué color son las naranjas (*oranges*)?

_____

4. ¿De qué colores es la bandera (*flag*) de los Estados Unidos?

_____

5. ¿De qué color son las nubes (*clouds*) cuando está nublado?

_____

6. ¿De qué color son los bluejeans?

_____

7. ¿De qué color es la nieve?

_____

8. ¿De qué color son las palabras de los libros?

_____

4 **¿Qué lleva?** Look at the illustration and fill in the blanks with the names of the numbered items.

GRAMÁTICA

6.1 Numbers 101 and higher

1 **La lotería** Read the following lottery winnings list. Then answer the questions, writing the Spanish words for numbers. Remember to use **de** after the number whenever necessary.

LOTERÍA NACIONAL	SORTEO DEL DÍA 24 DE JUNIO Diez series de 100.000 billetes cada una	SORTEO 49 00	Lista acumulada de las cantidades que han correspondido a los números premiados, clasificados por su cifra final Estos premios podrán cobrarse hasta el día 25 de septiembre, INCLUSIVE

2		**3**		**4**		**5**		**6**		**7**	
Números	Pesetas	Números	Pesetas	Números	Pesetas	Números	Pesetas	Números	Pesetas	Números	Pesetas
43402	100.000	43403	110.000	43404	110.000	43405	100.000	43406	100.000	43407	100.000
43412	100.000	43413	110.000	43414	110.000	43415	100.000	43416	100.000	43417	100.000
43422	100.000	43423	110.000	43424	130.000	43425	100.000	43426	100.000	43427	100.000
43432	100.000	43433	110.000	43434	110.000	43435	100.000	43436	100.000	43437	100.000
43442	100.000	43443	110.000	43444	110.000	43445	100.000	43446	100.000	43447	100.000
43452	100.000	43453	110.000	43454	110.000	43455	100.000	43456	100.000	43457	100.000
43462	100.000	43463	110.000	43464	110.000	43465	100.000	43466	100.000	43467	100.000
43472	100.000	43473	110.000	43474	160.000	43475	100.000	43476	100.000	43477	100.000
43482	100.000	43483	110.000	43484	110.000	43485	100.000	43486	1.280.000	**434787**	**20.000.000**
43492	100.000	43493	110.000	43494	110.000	43495	100.000	43496	100.000	43497	100.000
98302	100.000	98303	110.000	98304	110.000	98305	100.000	98306	100.000	98307	100.000
98312	100.000	98313	110.000	98314	110.000	98315	100.000	98316	100.000	98317	100.000
98322	100.000	98323	110.000	98324	130.000	98325	100.000	98326	100.000	98327	100.000
98332	100.000	98333	110.000	98334	110.000	98335	100.000	98336	100.000	98337	100.000
98342	100.000	98343	110.000	98344	110.000	98345	100.000	98346	100.000	98347	100.000
98352	100.000	98353	110.000	98354	110.000	98355	100.000	98356	100.000	98357	100.000
98362	100.000	98363	110.000	98364	110.000	98365	100.000	98366	100.000	98367	100.000
98372	100.000	98373	2.110.000	**98374**	**100.110.000**	98375	2.100.000	98376	2.100.000	98377	2.100.000
98382	100.000	98383	110.000	98384	110.000	98385	100.000	98386	100.000	98387	100.000
98392	100.000	98393	110.000	98394	110.000	98395	100.000	98396	100.000	98397	100.000
		Terminaciones		**Terminaciones**		**Terminaciones**		**Terminaciones**		**Terminaciones**	
		4333	260.000	374	160.000	175	50.000	776	260.000	9957	250.000
		233	60.000	24	30.000	255	50.000			147	50.000
		733	60.000	74	60.000						
		3	10.000	4	10.000						

ESTE SORTEO ADJUDICA 3.584.100 DÉCIMOS PREMIADOS POR UN IMPORTE TOTAL DE 7.000.000.000 DE PESETAS			
PREMIO ESPECIAL 490.000.000 Ptas. **Núm. 98374** PRIMER PREMIO	FRACCIÓN 6.ª	SERIE 7.ª	PREMIO ACUMULADO 500.000.000

sorteo *lottery drawing* **acumulada** *cumulative* **cifra** *figure* **billete** *ticket* **adjudica** *awards* **décimo** *lottery ticket* **premiados** *awarded* **importe** *quantity* **premio** *prize*

1. El sorteo tiene diez series de _____ billetes cada una.

2. El número 43403 gana _____ pesetas.

3. El número 98373 gana _____ pesetas.

4. El número 98374 gana _____ pesetas.

5. El número 43487 gana _____ pesetas.

6. La terminación _____ gana ciento sesenta mil pesetas.

7. El sorteo adjudica _____ décimos premiados.

8. El importe total es de _____ pesetas.

9. El premio especial es de _____ pesetas.

10. El premio acumulado es de _____ pesetas.

2 **¿Cuántos hay?** Use **Hay** + the cues to write complete sentences.

> **modelo**
>
> 450 / personas en la compañía
> Hay *cuatrocientas cincuenta personas en la compañía.*

1. 275.000.000 / habitantes en los Estados Unidos

   _____

2. 827 / pasajeros en el aeropuerto

   _____

3. 25.350 / estudiantes en la universidad

   _____

4. 3.930.000 / puertorriqueños que viven en Puerto Rico

   _____

5. 56.460 / dólares en su cuenta (*account*) de banco

   _____

6. 530.000 / turistas en la ciudad en el verano

   _____

3 **Síntesis** In complete sentences, describe the room and the people (including their clothing) in the illustration. Explain what the people are doing and feeling, and why. Then choose one of the groups of people and write a conversation that they could be having.

_____

_____

_____

_____

_____

_____

_____

_____

_____

_____

6.2 The preterite tense of regular verbs

1 **El pretérito** Complete these sentences with the preterite tense of the indicated verb.

1. (encontrar) Marcela _____ las sandalias debajo de la cama.

2. (recibir) Gustavo _____ el dinero para comprar los libros.

3. (terminar) Sara y Viviana _____ el libro a la misma vez.

4. (preparar) La agente de viajes _____ un itinerario muy interesante.

5. (recorrer) (Yo) _____ la ciudad en bicicleta.

6. (escuchar) Los dependientes _____ el partido por la radio.

7. (viajar) Patricia y tú _____ a México el verano pasado.

8. (comprar) (Nosotras) _____ abrigos para el frío.

9. (regresar) (Tú) _____ del centro comercial a las cinco de la tarde.

10. (vivir) Ustedes _____ en casa de sus padres hasta el año pasado.

2 **Ahora y en el pasado** Rewrite these sentences in the preterite tense.

1. Ramón escribe una carta al director del programa.

_____

2. Mi tía trabaja como dependienta en un gran almacén.

_____

3. Comprendo el trabajo de la clase de biología.

_____

4. La familia de Daniel vive en Argentina.

_____

5. Virginia y sus amigos comen en el café de la librería.

_____

6. Los ingenieros terminan la construcción de la tienda en junio.

_____

7. Siempre llevas ropa muy elegante.

_____

8. Los turistas caminan por la playa cuando sale el sol.

_____

9. Corremos por el estadio antes (*before*) del partido.

_____

Workbook

3   **Ya pasó** Answer these questions negatively, indicating that what is being asked already happened.

> **modelo**
> ¿Va a comprar ropa Silvia en el centro comercial?
> No, Silvia ya *compró* ropa en el *centro comercial.*

1. ¿Va a viajar a Perú tu primo Andrés?

_____

2. ¿Vas a buscar una tienda de computadoras en el centro comercial?

_____

3. ¿Vamos a encontrar muchas rebajas en el centro?

_____

4. ¿Va a llevar las sandalias María esta noche?

_____

5. ¿Van a regatear con el vendedor Mónica y Carlos?

_____

6. ¿Va a pasear por la playa tu abuela?

_____

4   **La semana pasada** Your friend asks you whether you did these activities last week. Write each question, then answer it affirmatively or negatively.

> **modelo**
> sacar fotos de los amigos
> —¿Sacaste fotos de los amigos?
> —Sí, saqué fotos de los amigos./No, no saqué fotos de los amigos.

1. pagar una compra (*purchase*) con una tarjeta de crédito

_____

_____

2. practicar un deporte

_____

_____

3. buscar un libro en la biblioteca

_____

_____

4. llegar tarde a clase

_____

_____

5. empezar a escribir un trabajo

_____

_____

6.3 Indirect object pronouns

1 **¿A quién?** Complete these sentences with indirect object pronouns.

1. _____ doy a la profesora los libros.

2. Amelia _____ pregunta a nosotras si queremos ir al cine.

3. El empleado _____ buscó trabajo a sus primas en el almacén.

4. Julio quiere traer_____ un televisor nuevo a sus padres.

5. Los clientes _____ dicen a nosotros que todo está muy caro.

6. Tu hermano no _____ presta la ropa a ti (*you*).

7. La empleada de la tienda _____ cerró la puerta a mi tía.

8. La mamá no _____ hace las tareas a sus hijos.

9. Deben pagar_____ mucho dinero a ti por (*for*) trabajar en el almacén.

10. Las dependientas _____ dan el vestido rosado a mí.

2 **¿Para quién?** Rewrite these sentences, replacing the indirect objects with indirect object pronouns.

1. Llevo unos zapatos de tenis para mi hermano.

_____

2. Compré un impermeable para ella.

_____

3. Ellos traen trajes de baño para nosotros.

_____

4. Escribimos las cartas de recomendación para Gerardo y Marta.

_____

5. Ustedes no buscaron un vestido para Marisela.

_____

6. Pides un café para Irene y Vicente.

_____

7. Conseguimos unas gafas en rebaja para ustedes.

_____

8. Buscas un sombrero para Dalia y Virginia.

_____

9. No terminamos el trabajo para la profesora.

_____

10. Compro unos guantes para mi prima.

Workbook

3 **Escribir** Rewrite these sentences, using an alternate placement for the indirect object pronouns.

> modelo
>
> Me quiero comprar un coche nuevo.
> *Quiero comprarme un coche nuevo.*

1. Les vas a pedir dinero para los libros a tus padres.

_____

2. Quiero comprarles unos guantes a mis sobrinos.

_____

3. Clara va a venderle sus patines en línea.

_____

4. Los clientes nos pueden pagar con tarjeta de crédito.

_____

4 **De compras** Complete the paragraph with the correct indirect object pronouns.

Isabel y yo vamos de compras al centro comercial. Yo tengo que comprar _____
                                                                              1
unas cosas a mis parientes porque voy a viajar a mi ciudad este fin de semana. A mi hermana Laura

_____ quiero dar unas gafas de sol, porque _____ molesta
          2   3
(*bothers*) el sol cuando va a la playa. A mis dos sobrinos _____ voy a comprar
                                                                  4
una pelota de béisbol. A mi padre _____ traigo un libro, y a mi madre
                                        5
_____ quiero conseguir una blusa. Quiero llevar _____ camisas
          6   7
con el nombre de mi universidad a todos (*everyone*). _____ quiero mostrar que
                                                              8
pienso mucho en ellos.

5 **Respuestas** Answer these questions negatively. Use indirect object pronouns in the answer.

> modelo
>
> ¿Le compraste una camisa al vendedor?
> *No, no le compré una camisa.*

1. ¿Le escribió Rolando un correo electrónico a Miguel?

_____

2. ¿Nos trae el botones las maletas a la habitación?

_____

3. ¿Les venden gafas de sol los vendedores a los turistas?

_____

4. ¿Te da regalos tu hermano?

_____

5. ¿Les digo a ustedes cómo llegar a la tienda nueva?

_____

6. ¿Me buscaste la revista en la librería?

_____

6.4 Demonstrative adjectives and pronouns

1 **Completar** Complete these sentences with the correct form of the demonstrative adjective in parentheses.

1. (*these*) Me quiero comprar _____ zapatos porque me gustan mucho.

2. (*that*) Comimos en _____ restaurante la semana pasada.

3. (*that over there*) _____ tienda vende las gafas de sol a un precio muy alto.

4. (*this*) Las rebajas en _____ almacén son legendarias.

5. (*those*) _____ botas hacen juego con tus pantalones negros.

6. (*these*) Voy a llevar _____ pantalones con la blusa roja.

2 **Preguntas** Answer these questions negatively, using the cues in parentheses and the corresponding demonstrative adjectives.

> **modelo**
> ¿Compró esas medias Sonia? (cartera)
> No, compró esa cartera.

1. ¿Va a comprar ese suéter Gloria? (pantalones)

_____

2. ¿Llevaste estas sandalias? (zapatos de tenis)

_____

3. ¿Quieres ver esta ropa interior? (medias)

_____

4. ¿Usa aquel traje David? (chaqueta negra)

_____

5. ¿Decidió Silvia comprar esas gafas de sol? (sombrero)

_____

6. ¿Te mostró el vestido aquella vendedora? (dependiente)

_____

3 **Ésos no** Complete these sentences using demonstrative pronouns. Choose a pronoun for each sentence, paying attention to agreement.

1. Aquellas sandalias son muy cómodas, pero _____ son más elegantes.

2. Esos vestidos largos son muy caros; voy a comprar _____.

3. No puedo usar esta tarjeta de crédito; tengo que usar _____.

4. Esos zapatos tienen buen precio, pero _____ no.

5. Prefiero este sombrero porque _____ es muy grande.

6. Estas medias son buenas; las prefiero a _____.

4 **Éstas y aquéllas** Look at the illustration and complete this conversation with the appropriate demonstrative adjectives and pronouns.

CLAUDIA ¿Te gusta _____ 1 corbata, Gerardo?

GERARDO No, no me gusta _____ 2 . Prefiero _____ 3 que está sobre el escaparate (*display case*).

CLAUDIA _____ 4 es bonita, pero no hace juego con la chaqueta que tienes.

GERARDO Mira _____ 5 chaqueta. Me gusta y creo que está a buen precio. Puedo usar _____ 6 en lugar de (*instead of*) la que tengo en casa.

CLAUDIA ¿Y qué piensas de _____ 7 cinturón?

GERARDO _____ 8 es muy elegante. ¿Es caro?

CLAUDIA Es más barato que _____ 9 que están en el escaparate.

5 **Síntesis** Imagine that you went with your brother to an open-air market last weekend. This weekend you take a friend there. Write a conversation between you and your friend, using as many different verbs as you can from those you have learned.

• Indicate to your friend the items you saw last weekend, what you liked and didn't like, the items that you bought, and for whom you bought the items.

• Suggest items that your friend might buy and for whom he or she might buy them.

_____

_____

_____

_____

_____

_____

¡VIVAN LOS PAÍSES HISPANOS!

El Caribe

1 **El mapa** Write each of these words in the appropriate country in the map.

La Habana Vieja   población: 11.369.000   el fuerte El Morro
Fajardo   Pedro Martínez   Palacio de los Capitanes Generales
Mayagüez   Guantánamo   Santo Domingo
el béisbol   el merengue   la isla de Vieques

2. La República Dominicana:
_____
_____

3. Puerto Rico:
_____
_____

1. Cuba:
_____
_____
_____

2 **Sopa de lugares** Write the words to complete these sentences about places in **El Caribe**. Then circle them in the grid.

1. Tres de las ciudades principales de Puerto Rico son Mayagüez, Ponce y _____.

2. Las islas rodeadas por el mar Caribe son: _____ .

3. Puerto Rico, Cuba y República Dominicana están en El _____ .

4. Capital de Cuba: La _____ .

5. Juan Luis Guerra es un cantante de República _____ .

6. El sitio más fotografiado de Puerto Rico es El _____ .

7. El Morro está en la Bahía de San _____ .

8. Una de las ciudades principales dominicanas es Santiago de los _____ .

9. La parte antigua de la capital de Cuba se llama La Habana _____ .

10. La capital de _____ Rico es San Juan.

S	O	C	A	B	A	L	L	E	R	O	S	H
C	B	N	D	M	P	G	R	K	J	C	M	A
D	O	M	I	N	I	C	A	N	A	Y	O	B
Z	R	F	U	A	C	B	B	Y	S	B	R	A
P	Z	R	U	I	L	T	M	P	P	A	R	N
U	P	H	A	B	A	N	A	I	I	L	O	C
E	F	N	M	U	J	J	N	T	N	L	I	A
R	G	J	L	I	A	K	T	P	N	E	T	G
T	T	U	T	C	A	R	I	B	E	R	G	U
O	B	A	P	D	U	O	L	G	R	A	E	A
M	G	N	P	U	E	J	L	B	E	Ñ	N	S
O	G	W	E	J	K	L	A	J	N	S	K	S
T	V	I	E	J	A	M	S	I	J	U	A	M

3 **Palabras cruzadas** (*crossed*) Complete this crossword puzzle based on the clues provided.

Horizontales

1. Las _____ y los animales del Caribe son muy variados y exóticos.
2. La salsa nació en _____.
3. _____ es una ciudad puertorriqueña que está entre Mayagüez y Fajardo.
4. _____ y Santiago de los Caballeros son dos ciudades de la República Dominicana.
5. _____ se construyó en el siglo XVI en San Juan.
6. Santiago de Cuba, Holguín, Guantánamo y _____ son ciudades cubanas.
7. El mar _____ está al este de América Central.
8. En la Habana Vieja hay muchas casas antiguas con _____.

Verticales

1. El Morro fue construido por los españoles para defenderse de los _____.
2. Actualmente, El Morro es un _____ que atrae a miles de turistas.
3. La ciudad de Cuba que está cerca de la Sierra Maestra es _____.
4. Antes las canciones del merengue hablaban de problemas _____.
5. _____ Ramírez es uno de los famosos beisbolistas dominicanos.
6. El _____ es la música tradicional de República Dominicana.
7. El _____ es el deporte nacional dominicano.
8. El Morro es un _____ que está en Puerto Rico.

4 **Las fotos** Write complete sentences describing the activities or places in the photos.

1. _____   2. _____   3. _____

PREPARACIÓN

---

1 **Las rutinas** Complete each sentence with a word from **Preparación**.

1. Susana se lava el pelo con _____.

2. Elena usa el _____ para maquillarse.

3. Manuel se lava las manos con _____.

4. Después de lavarse las manos, usa la _____.

5. Luis tiene un _____ para levantarse temprano.

---

2 **¿En el baño o en la habitación?** Write **en el baño** or **en la habitación** to indicate where each activity takes place.

1. bañarse _____

2. levantarse _____

3. ducharse _____

4. lavarse la cara _____

5. acostarse _____

6. afeitarse _____

7. cepillarse los dientes _____

8. dormirse _____

---

3 **Ángel y Lupe** Look at the drawings, and choose the appropriate phrase to describe what Ángel or Lupe is doing in a complete sentence.

afeitarse por la mañana	ducharse antes de salir
bañarse luego de correr	cepillarse los dientes después de comer

1. _____

_____

2. _____

_____

---

3. _____   4. _____

_____   _____

4 **La palabra diferente** Fill in the blank with the word that doesn't belong in each group.

1. luego, después, más tarde, entonces, antes _____

2. maquillarse, cepillarse el pelo, despertarse, peinarse, afeitarse _____

3. bailar, despertarse, acostarse, levantarse, dormirse _____

4. champú, despertador, jabón, maquillaje, crema de afeitar _____

5. entonces, bañarse, lavarse las manos, cepillarse los dientes, ducharse _____

6. pelo, vestirse, dientes, manos, cara _____

5 **La rutina de Silvia** Rewrite this paragraph, selecting the correct sequencing words from the parentheses.

(Por la mañana, Durante el día) Silvia se prepara para salir. (Primero, Antes de) se levanta y se ducha. (Después, Antes) de ducharse, se viste. (Entonces, Durante) se maquilla. (Primero, Antes) de salir come algo y bebe un café. (Durante, Por último) se peina y se pone una chaqueta. (Durante el día, Antes de) Silvia no tiene tiempo (*time*) de volver a su casa. (Más tarde, Antes de) come algo en la cafetería de la universidad y estudia en la biblioteca. (Por la tarde, Por último), Silvia trabaja en el centro comercial. (Por la noche, Primero) llega a su casa y está cansada. (Más tarde, Después de) prepara algo de comer y mira la televisión un rato. (Antes de, Después de) acostarse a dormir siempre estudia un rato.

_____

_____

_____

_____

_____

_____

_____

_____

_____

GRAMÁTICA

7.1 Reflexive verbs

1 **Se hace** Complete each sentence with the correct present tense forms of the verb in parentheses.

1. (enojarse) Marcos y Gustavo _____ con Javier.

2. (despedirse) Mariela _____ de su amiga en la estación del tren.

3. (acostarse) (Yo) _____ temprano porque tengo clase por la mañana.

4. (ducharse) Los jugadores _____ en el baño después del partido.

5. (ponerse) Irma y yo _____ los vestidos nuevos.

6. (preocuparse) (Tú) _____ por tu novio porque siempre pierde las cosas.

7. (lavarse) Usted _____ la cara con un jabón especial.

8. (ponerse) Mi mamá _____ muy contenta cuando llego temprano a casa.

2 **Lo hiciste** Answer the questions positively, using complete sentences.

1. ¿Te cepillaste los dientes después de comer?

_____

2. ¿Se maquilla Julia antes de salir a bailar?

_____

3. ¿Se duchan ustedes antes de entrar en la piscina?

_____

4. ¿Se ponen sombreros los turistas cuando van a la playa?

_____

5. ¿Me afeité esta mañana antes de ir al trabajo?

_____

6. ¿Nos ponemos los vestidos en la habitación del hotel?

_____

7. ¿Te duermes en el cine cuando ves películas aburridas?

_____

8. ¿Se sienta Ana delante de Federico en clase?

_____

9. ¿Se quedan ustedes en una pensión en Lima?

_____

10. ¿Te acuerdas de las fotos que sacamos ayer?

_____

3 **Escoger** Choose the correct verb from the parentheses, then fill in the blank with its correct form.

(lavar/lavarse)

1. Josefina _____ las manos en el baño.

Josefina _____ la ropa en la lavadora (*washing machine*).

(peinar/peinarse)

2. (Yo) _____ a mi hermana todas las mañanas.

(Yo) _____ en el baño, delante del espejo.

(quitar/quitarse)

3. (Nosotros) _____ los abrigos al entrar en casa.

(Nosotros) _____ los libros de la mesa para comer.

(levantar/levantarse)

4. Los estudiantes _____ muy temprano.

Los estudiantes _____ la mano para hacer preguntas.

4 **El incidente** Complete the paragraph with reflexive verbs from the word bank. Use each verb only once.

irse	despertarse	afeitarse
vestirse	quedarse	maquillarse
lavarse	ponerse	acordarse
levantarse	preocuparse	enojarse

Luis _____ todos los días a las seis de la mañana. Luego entra en el baño y
           1

_____ el pelo con champú. Cuando termina, usa la crema de afeitar para
         2

_____ delante del espejo. Come algo con su familia y él y sus hermanos
         3

_____ hablando un rato.
         4

Cuando sale tarde, Luis _____ porque no quiere llegar tarde a la clase de
         5

español. Los estudiantes _____ nerviosos porque a veces (*sometimes*) tienen
         6

pruebas sorpresa en la clase.

Ayer por la mañana, Luis _____ con su hermana Marina porque ella
         7

_____ tarde y pasó mucho rato en el baño con la puerta cerrada.
         8

—¿Cuándo sales, Marina? — le dijo (*said*) Luis a Marina.

—¡Tengo que _____ porque voy a salir con mi novio y quiero estar bonita!
         9

—dijo Marina.

—¡Tengo que _____ ya, Marina! ¿Cuándo terminas?
         10

—Ahora salgo, Luis. Tengo que _____. Me voy a poner mi vestido favorito.
         11

—Tienes que _____ de que viven muchas personas en esta casa, Marina.
         12

7.2 Indefinite and negative words

1 **Alguno o ninguno** Complete the sentences with indefinite and negative words from the word bank.

ninguna	alguna	alguien
tampoco	ningún	

1. No tengo ganas de ir a _____ lugar hoy.

2. ¿Tienes _____ idea para el proyecto?

3. ¿Viene _____ a la fiesta de mañana?

4. No voy a _____ estadio nunca.

5. ¿Te gusta _____ de estas corbatas?

6. No quiero ir a mi casa (*home*), ni a la tuya (*yours*) _____.

2 **Palabras negativas** Complete the sentences with indefinite words.

1. No me gustan estas gafas. _____ quiero comprar _____ de ellas.

2. Estoy muy cansado. _____ quiero salir a _____ restaurante.

3. No tengo hambre. _____ quiero comer _____.

4. A mí no me gusta la playa. _____ quiero ir a la playa _____.

5. Soy muy tímida. _____ hablo con _____ _____.

6. No me gusta el color rojo, _____ el color rosado _____.

3 **Lo contrario** Make each sentence negative.

modelo
Buscaste algunos vestidos en la tienda.
No buscaste ningún vestido en la tienda.

1. Las dependientas venden algunas blusas.

_____

2. Alguien va de compras al centro comercial.

_____

3. Siempre me cepillo los dientes antes de salir.

_____

4. Te traigo algún programa de la computadora.

_____

5. Mi hermano prepara algo de comer.

_____

6. Quiero tomar algo en el café de la librería.

_____

4 **No, no es cierto** Answer the questions negatively.

> *modelo*
>
> ¿Comes siempre en casa?
> No, nunca *como en casa./No, no como en casa nunca.*

1. ¿Tiene Alma alguna falda?

   _____

2. ¿Sales siempre los fines de semana?

   _____

3. ¿Quiere comer algo Gregorio?

   _____

4. ¿Le prestaste algunos discos de jazz a César?

   _____

5. ¿Podemos o ir a la playa o nadar en la piscina?

   _____

6. ¿Encontraste algún cinturón barato en la tienda?

   _____

7. ¿Buscaron ustedes a alguien en la playa?

   _____

8. ¿Te gusta alguno de estos trajes?

   _____

5 **Lo opuesto** Rewrite the paragraph, changing the positive words to negative ones.

Rodrigo siempre está leyendo algún libro. También le gusta leer el periódico. Siempre lee algo. Alguien le pregunta si leyó alguna novela de Mario Vargas Llosa. Leyó algunos libros de Vargas Llosa el año pasado. También leyó algunas novelas de Gabriel García Márquez. Algunos libros le encantan. Le gusta leer o libros de misterio o novelas fantásticas.

_____

_____

_____

_____

_____

_____

_____

_____

_____

_____

_____

7.3 Preterite of **ser** and **ir**

1 **¿Ser o ir?** Complete the sentences with the preterite of **ser** or **ir**. Then write the infinitive form of the verb you used.

1. Ayer María y Javier _____ a la playa con sus amigos. _____

2. El vestido anaranjado que compré _____ muy barato. _____

3. El fin de semana pasado (nosotros) _____ al centro comercial. _____

4. La abuela y la tía de de Maricarmen _____ doctoras. _____

5. (Nosotros) _____ muy simpáticos con la familia de Claribel. _____

6. Manuel _____ a la universidad en septiembre. _____

7. Los vendedores _____ al almacén muy temprano. _____

8. Lima _____ la primera ciudad que visitaron en el viaje. _____

9. (Yo) _____ a buscarte en la cafetería, pero no te encontré. _____

10. Mi compañera de cuarto _____ a comprar champú en la tienda. _____

2 **Viaje a Perú** Complete the paragraph with the preterite of **ser** and **ir**. Then fill in the chart with the infinitive form of the verbs you used.

El mes pasado mi amiga Clara y yo _____ (1) de vacaciones a Perú. El vuelo (*flight*) _____ (2) un miércoles por la mañana, y _____ (3) cómodo. Primero Clara y yo _____ (4) a Lima, y _____ (5) a comer en un restaurante de comida peruana. La comida _____ (6) muy buena. Luego _____ (7) al hotel y nos _____ (8) a dormir. El jueves _____ (9) un día nublado. Nos _____ (10) a Cuzco, y el viaje en autobús _____ (11) largo. Yo _____ (12) la primera en despertarme y ver la ciudad de Cuzco. La ciudad _____ (13) impresionante. Luego Clara y yo _____ (14) de excursión hacia Machu Picchu. El cuarto día nos levantamos muy temprano y nos _____ (15) hacia la antigua ciudad inca. El amanecer sobre Machu Picchu _____ (16) hermoso. La excursión _____ (17) una experiencia inolvidable (*unforgettable*). ¿_____ (18) tú a Perú el año pasado?

1. _____   7. _____   13. _____
2. _____   8. _____   14. _____
3. _____   9. _____   15. _____
4. _____   10. _____   16. _____
5. _____   11. _____   17. _____
6. _____   12. _____   18. _____

7.4 Gustar and verbs like gustar

1 **¿Uno o varios?** Rewrite each sentence, choosing the correct form of the verb in parentheses.

1. Te (quedan, queda) bien las faldas y los vestidos.

_____

2. No les (molesta, molestan) la lluvia.

_____

3. No les (gusta, gustan) estar enojados.

_____

4. Les (aburre, aburren) probarse ropa en las tiendas.

_____

5. Le (fascina, fascinan) las tiendas y los almacenes.

_____

6. Le (falta, faltan) dos años para terminar la carrera (*degree*).

_____

7. Nos (encanta, encantan) pescar y nadar en el mar.

_____

8. Me (interesan, interesa) las ruinas peruanas.

_____

2 **Nos gusta el fútbol** Complete the paragraph with the correct forms of the verbs in parentheses.

A mi familia le _____ (fascinar) el fútbol. A mis hermanas les
                              1

_____ (encantar) los jugadores porque son muy guapos. También les
            2

_____ (gustar) la emoción (*excitement*) de los partidos. A mi papá le
            3

_____ (interesar) tanto (*so much*) los partidos que los sigue por Internet. A mi
            4

mamá le _____ (molestar) nuestra afición porque no hacemos las tareas de la
                        5

casa cuando hay un partido. A ella generalmente le _____ (aburrir) los partidos.
                                                                                  6

Pero cuando le _____ (faltar) un gol al equipo argentino para ganar, le
                            7

_____ (encantar) los minutos finales del partido.
            8

3 **Los otros** Rewrite each sentence, substituting the subject with the one in parentheses.

1. Le quedan bien los vestidos largos. (la blusa cara)

_____

2. Les molesta la música moderna. (las canciones populares)

_____

3. No te interesa bailar salsa. (caminar por la playa)

_____

4. Me gusta esa toalla de playa. (aquellas gafas de sol)

_____

5. Les encantan las tiendas. (el centro comercial)

_____

6. Nos falta practicar el español. (unas semanas de clase)

_____

7. No les gusta el ballet. (las películas)

_____

8. No les importa esperar un rato. (buscar unos libros nuestros)

_____

4 **¿Qué piensan?** Complete the sentences with the correct pronouns and forms of the verbs in parentheses.

1. (encantar) A mí _____ las películas de misterio.

2. (molestar) A Gregorio _____ mucho la nieve y el frío.

3. (gustar) A mi sobrina _____ leer y escribir.

4. (faltar) A ustedes _____ un libro de esa colección.

5. (quedar) ¿_____ bien los sombreros a ti?

6. (fascinar) A nosotros _____ la historia peruana.

7. (importar) A ella no _____ las apariencias (*appearances*).

8. (aburrir) Los deportes por televisión a mí _____ mucho.

5 **Oraciones nuevas** Write complete sentences in the preterite tense. Do not repeat the indirect object.

> **modelo**
> (a las dependientas) / no importar / traernos la ropa
> **No les importó traernos la ropa.**

1. (a las turistas) / gustar / las playas del Caribe

_____

2. (a ustedes) / interesar / las rebajas de verano

_____

3. (a Daniela) / encantar / regatear y gastar poco (*little*) dinero

_____

4. (a nosotros) / faltar / encontrar los pasajes para poder irnos

_____

Workbook

6 **Síntesis** Interview a classmate or relative about an interesting vacation she or he took. Then gather the answers into a report. Answer the following questions:

- What did he or she like or love about the vacation? What interested him or her?
- Where did he or she stay, what were the accommodations like, and what was his or her daily routine like during the trip?
- Where did he or she go, what were the tours like, what were the tour guides like, and what were his or her traveling companions like?
- What bothered or angered him or her? What bored him or her during the vacation?
- Be sure to address the negative and positive aspects of the vacation.

_____

_____

_____

_____

_____

_____

_____

_____

_____

_____

_____

_____

_____

_____

_____

_____

_____

_____

_____

_____

_____

_____

_____

PREPARACIÓN   # Lección 8

1 **¿Qué comida es?** Read the descriptions and write the name of the food in the blank.

1. Son rojos y se sirven (*they are served*) en las ensaladas. _____

2. Se come (*It is eaten*) antes del plato principal; es líquida y caliente (*hot*). _____

3. Son unas verduras anaranjadas, largas y delgadas. _____

4. Hay de naranja y de manzana; se bebe en el desayuno. _____

5. Son dos rebanadas (*slices*) de pan con queso y jamón. _____

6. Es comida rápida; se sirven con hamburguesas y se les pone sal. _____

7. Son pequeños y rosados; viven en el mar hasta que los pescan. _____

8. Son frutas amarillas; con agua y azúcar se hace una bebida de verano. _____

2 **Categorías** Categorize the foods listed in the word bank.

bistec	zanahorias	salmón	champiñones	maíz	mantequilla
aceite	salchichas	bananas	langosta	limones	manzanas
hamburguesas	pollo	azúcar	margarina	papas	pimienta
vinagre	naranjas	jamón	arvejas	leche	tomates
chuletas de cerdo	atún	pavo	camarones	uvas	
	sal	cebollas	lechuga	queso	

Verduras	Productos lácteos (*dairy*)	Condimentos	Carnes y aves (*poultry*)	Pescado y mariscos	Frutas

3 **¿Qué es?** Label the item of food shown in each drawing.

1. _____   2. _____

3. _____   4. _____

4 **¿Cuándo lo comes?** Read the lists of meals, then categorize when the meals would be eaten.

1. un sándwich de jamón y queso, unas chuletas
   de cerdo con arroz y frijoles, fruta y un café
   con leche

Desayuno _____

Almuerzo _____

Cena _____

2. una langosta con papas, huevos fritos y jugo
   de naranja, una hamburguesa y un refresco

Desayuno _____

Almuerzo _____

Cena _____

3. pan tostado con mantequilla, un sándwich de
   atún y té helado, un bistec con cebolla y arroz

Desayuno _____

Almuerzo _____

Cena _____

4. una sopa y una ensalada, cereales con leche,
   pollo asado con ajo y champiñones y vino
   blanco

Desayuno _____

Almuerzo _____

Cena _____

GRAMÁTICA

8.1 Preterite of stem-changing verbs

1 **En el pasado** Rewrite each sentence, conjugating the verb into the preterite tense.

1. Ana y Enrique piden unos refrescos fríos.

_____

2. Mi mamá nos sirve arroz con frijoles y carne.

_____

3. Tina y yo dormimos en una pensión de Lima.

_____

4. Las flores (*flowers*) de mi tía mueren durante el otoño.

_____

5. Ustedes se sienten bien porque ayudan a las personas.

_____

_____

2 **El verbo correcto** For each sentence, choose the correct verb from those in parentheses. Then complete the sentence by writing the preterite form of the verb.

1. Rosana y Héctor _____ las palabras del profesor. (repetir, dormir, morir)

2. El abuelo de Luis _____ el año pasado. (despedirse, morir, servir)

3. (Yo) _____ camarones y salmón de cena en mi casa. (morir, conseguir, servir)

4. Lisa y tú _____ pan tostado con queso y huevo. (sentirse, seguir, pedir)

5. Ana y yo _____ muy tarde los sábados. (dormirse, pedir, repetir)

6. Gilberto y su familia _____ ir al restaurante de mariscos. (servir, preferir, vestirse)

3 **Sujetos diferentes** Rewrite each sentence, using the subject in parentheses.

1. Anoche nos despedimos de nuestros abuelos en el aeropuerto. (mis primos)

_____

2. Melinda y Juan siguieron a Camelia por la ciudad en el auto. (yo)

_____

3. Alejandro prefirió quedarse en casa. (ustedes)

_____

4. Pedí un plato de langosta con salsa de mantequilla. (ellas)

_____

5. Los camareros les sirvieron una ensalada con atún y tomate. (tu esposo)

_____

6. Jorge y yo conseguimos pescado ayer en el mercado al aire libre. (los dueños)

_____

Workbook

4 **El pasado** Create sentences from the elements provided. Use the preterite form of the verbs.

1. (Nosotros) / preferir / este restaurante al restaurante italiano

_____

2. Mis amigos / seguir / a Gustavo para encontrar el restaurante

_____

3. La camarera / servirte / huevos fritos y café con leche

_____

4. Ustedes / pedir / ensalada de mariscos y vino blanco

_____

5. El camarero / repetir / el pedido (*the order*)

_____

6. (Yo) / conseguir / el menú del restaurante

_____

5 **La planta de la abuela** Complete the letter with the preterite form of the verbs from the word bank. Use each verb only once.

servir	preferir	repetir	morir	vestirse
dormir	pedir	seguir	despedirse	conseguir

Querida mamá:

El fin de semana pasado fui a visitar a mi abuela Lilia en el campo. (Yo) Le _____(1)_____ unos libros que ella me _____(2)_____ de la librería de la universidad. Cuando llegué, mi abuela me _____(3)_____ un plato sabroso de arroz con frijoles. La encontré triste porque la semana pasada su planta de tomates _____(4)_____, y ahora tiene que comprar los tomates en el mercado. Me invitó a quedarme, y yo _____(5)_____ en su casa. Por la mañana, abuela Lilia se despertó temprano, _____(6)_____ y salió a comprar huevos para el desayuno. Me levanté inmediatamente y la _____(7)_____ para ir con ella al mercado. En el mercado, ella me _____(8)_____ que estaba triste por la planta de tomates. Le pregunté: ¿Debemos comprar otra planta de tomates?, pero ella _____(9)_____ esperar al verano próximo (next). Después del desayuno _____(10)_____ de ella y volví a la universidad. Quiero mucho a mi abuela. ¿Cuándo la vas a visitar?

Chau,

Mónica

8.2 Double object pronouns

1 **Te lo traje** Rewrite each sentence, replacing the direct objects with direct object pronouns.

1. La camarera te sirvió el plato de pasta con mariscos.

_____

2. Isabel nos trajo la sal y la pimienta a la mesa.

_____

3. Javier me pidió el aceite y el vinagre anoche.

_____

4. El dueño nos busca una mesa para seis personas.

_____

5. Tu madre me consigue unas uvas deliciosas.

_____

6. ¿Te recomendaron este restaurante Lola y Paco?

_____

2 **Pronombres** Rewrite each sentence, using double object pronouns.

1. Le pidieron los menús al camarero.

_____

2. Nos buscaron un lugar cómodo para sentarnos.

_____

3. Les sirven papas fritas con el pescado a los clientes.

_____

4. Le llevan unos entremeses a la mesa a Marcos.

_____

5. Me trajeron una ensalada de lechuga y tomate.

_____

6. El dueño le compra la carne al señor Gutiérrez.

_____

7. Ellos te muestran los vinos antes de servirlos.

_____

8. La dueña nos abre la sección de no fumar.

_____

3 **¿Quiénes son?** Answer the questions, using double object pronouns.

1. ¿A quiénes les escribiste las cartas? (a ellos) _____

2. ¿Quién le recomendó ese plato? (su tío) _____

3. ¿Quién nos va a abrir la puerta a esta hora? (Sonia) _____

4. ¿Quién les sirvió el pescado asado? (Miguel) _____

5. ¿Quién te llevó los entremeses? (mis amigas) _____

6. ¿A quién le ofrece frutas Roberto? (a su familia) _____

4 **La gran cena** Read the two dialogues. Then answer the questions, using double object pronouns.

CELIA (A Tito) Rosalía me recomendó este restaurante.
DUEÑO Buenas noches, señores. Les traigo unos entremeses, cortesía del restaurante.
CAMARERO Buenas noches. ¿Quieren ver el menú?
TITO Sí, por favor. ¿Está buena la langosta?
CAMARERO Sí, es la especialidad del restaurante.
TITO Entonces queremos pedir dos langostas.
CELIA Y yo quiero una copa (*glass*) de vino tinto, por favor.

CAMARERO Tenemos flan y fruta de postre (*for dessert*).
CELIA Perdón, ¿me lo puede repetir?
CAMARERO Tenemos flan y fruta.
CELIA Yo no quiero nada de postre, gracias.
DUEÑO ¿Les gustó la cena?
TITO Sí, nos encantó. Muchas gracias. Fue una cena deliciosa.

1. ¿Quién le recomendó el restaurante a Celia? _____

2. ¿Quién les sirvió los entremeses a Celia y a Tito? _____

3. ¿Quién les trajo los menús a Celia y a Tito? _____

4. ¿A quién le preguntó Tito cómo está la langosta? _____

5. ¿Quién le pidió las langostas al camarero? _____

6. ¿Quién le pidió un vino tinto al camarero? _____

7. ¿Quién le repitió a Celia la lista de postres (*desserts*)? _____

8. ¿A quién le dio las gracias Tito cuando se fueron? _____

8.3 Saber and conocer

1 **¿Saber o conocer?** Complete the sentences, using **saber** and **conocer.**

1. (Yo) No _____ a los padres de Arturo y Gustavo.

2. Carolina _____ las montañas de New Hampshire.

3. ¿(Tú) _____ las preguntas que nos van a poner en el examen?

4. León _____ preparar un pollo a la parmesana delicioso.

5. (Nosotros) _____ a la dueña del restaurante más caro de la ciudad.

6. Julio y tú _____ que estoy trabajando en mi casa hoy.

2 **¿Qué hacen?** Complete the sentences, using the verbs from the word bank. Use each verb only once.

traducir	conocer	conducir
parecer	saber	ofrecer

1. Gisela _____ una motocicleta por las calles (*streets*) de la ciudad.

2. Tú _____ servir el vino de una manera elegante.

3. El novio de Aurelia _____ ser inteligente y simpático.

4. En ese restaurante los _____ ya, porque siempre van a comer allí (*there*).

5. Los vendedores del mercado al aire libre nos _____ rebajas.

6. (Yo) _____ libros de historia y de sociología al español.

3 **Lo saben y la conocen** Create sentences, using the elements and **saber** or **conocer.**

1. Eugenia / mi amiga Frances

_____

2. Pamela / hablar español muy bien

_____

3. El sobrino de Rosa / leer y escribir

_____

4. José y Laura / la ciudad de Barcelona

_____

5. No / cuántas manzanas debo comprar

_____

6. (Tú) / el dueño del mercado

_____

7. Elena y María Victoria / patinar en línea

_____

8.4 Comparisons and superlatives

1 **¿Cómo se comparan?** Complete the sentences with the Spanish of the comparison in parentheses.

1. (*smaller than*) Puerto Rico es _____ Guatemala.

2. (*faster than*) Álex es un corredor _____ su amigo Ricardo.

3. (*as tasty as*) Los champiñones son _____ las arvejas.

4. (*taller than*) Los jugadores de baloncesto son _____ los otros estudiantes.

5. (*more hard-working than*) Jimena es _____ su novio Pablo.

6. (*less intelligent than*) Marisol es _____ su hermana mayor.

7. (*as bad as*) La nueva novela de ese escritor es _____ la novela que escribió antes.

8. (*less fat than*) Agustín y Mario están _____ antes.

2 **¿Quién es más...?** Write sentences that compare the two items, using the adjectives in parentheses.

> **modelo**
> (inteligente) Albert Einstein / Homer Simpson
> Albert Einstein es más inteligente que Homer Simpson.

1. (famoso) Gloria Estefan / mi hermana

_____

2. (difícil) estudiar química orgánica / leer una novela

_____

3. (malo) el tiempo en Boston / el tiempo en Florida

_____

4. (barato) los restaurantes elegantes / los restaurantes de hamburguesas

_____

5. (viejo) mi abuelo / mi sobrino

_____

3 **¿Por qué?** Complete the sentences with the correct comparisons.

> **modelo**
> Darío juega mejor al fútbol que tú.
> Es porque Darío practica <u>más que tú</u>.

1. Mi hermano es más gordo que mi padre. Es porque mi hermano come _____.

2. Natalia conoce más países que tú. Es porque Natalia viaja _____.

3. Estoy menos cansado que David. Es porque duermo _____.

4. Rolando tiene más hambre que yo. Va a comer _____.

5. Mi vestido favorito es más barato que el tuyo. Voy a pagar _____.

6. Julia gana más dinero que Lorna. Es porque Julia trabaja _____.

4 **Facilísimo** Rewrite each sentence, using absolute superlatives.

1. Javier y Esteban están muy cansados. _____

2. Tu padre es muy joven. _____

3. La profesora es muy inteligente. _____

4. Las clases son muy largas. _____

5. La madre de Irene está muy feliz. _____

6. Estoy muy aburrido. _____

5 **El más...** Answer the questions affirmatively with the words in parentheses.

> *modelo*
> El auto está sucísimo, ¿no? (ciudad)
> **Sí, es el más sucio de la ciudad.**

1. Esos vestidos son carísimos, ¿no? (tienda)

_____

2. El almacén Velasco es buenísimo, ¿no? (centro comercial)

_____

3. La cama de tu madre es comodísima, ¿no? (casa)

_____

4. Ángel y Julio están nerviosísimos por el examen, ¿no? (clase)

_____

5. Sara es jovencísima, ¿no? (mis amigas)

_____

6 **¿Más o menos?** Read the pairs of sentences. Then write a new sentence that compares the pairs.

> *modelo*
> Ese hotel tiene cien habitaciones. El otro hotel tiene cuarenta habitaciones.
> **Ese hotel tiene más habitaciones que el otro.**

1. Guatemala tiene doce millones de habitantes. Puerto Rico tiene cuatro millones de habitantes.

_____

2. Ramón compró tres corbatas. Roberto compró tres corbatas.

_____

3. Yo comí un plato de pasta. Mi hermano comió dos platos de pasta.

_____

4. Anabel durmió ocho horas. Amelia durmió ocho horas.

_____

5. Mi primo toma seis clases. Mi amiga Tere toma ocho clases.

_____

7   **Síntesis**   Conduct a survey of several people about a recent experience they had at a restaurant.

- What did they order?
- Who served them?
- Did they prefer this restaurant to others they had eaten at before?
- What did their dining companions think?

Then, ask them to review the restaurant for you. Ask them to compare the service, the food, the prices, and the ambience of the restaurant to those of others.

- How does it compare to other restaurants in the city and to other restaurants of its type?

- Ask them about some restaurants you know. Do they know these restaurants? Do they know where they are located?

When you are finished with the survey, prepare a report of the restaurants in your area, comparing them on the basis of the data you collected. Use as many different types of comparisons and superlative phrases as possible in your report.

_____

_____

_____

_____

_____

_____

_____

_____

_____

_____

_____

_____

_____

_____

_____

_____

_____

¡VIVAN LOS PAÍSES HISPANOS!

Suramérica I

1 **El mapa** Fill in the blanks with the population and the name of the capital of each country.

1. _____
_____

Venezuela

2. _____

Colombia

3. _____

Ecuador _____

Perú

4. _____
_____

2 **¿De qué país es?** Write each of these words in the appropriate column in the chart.

bolívar	los Andes	El Salto Ángel	García Márquez
población indígena	Cartagena	tejidos	población: 26.011.000
área: 1.285.220 km^2	capital Bogotá	capital Lima	quechua
Canaima	lana de alpaca	dólar estadounidense	Barranquilla

Venezuela	Colombia	Ecuador	Perú
_____	_____	_____	_____
_____	_____	_____	_____
_____	_____	_____	_____
_____	_____	_____	_____

3 **Palabras cruzadas** (*crossed*) Write one letter in each square. Then answer the final question, using the new word that is formed.

1. Moneda de Perú.
2. Nombre que los indígenas le dan al Parque nacional Canaima.
3. Las alpacas viven en Los Alpes de este país.
4. País suramericano con un área de 912.050 km^2.
5. Estilo literario de Gabriel García Márquez.
6. Las alpacas hacen ésto para defenderse.
7. Capital de Venezuela.
8. Son de Ecuador y son famosos en todo el mundo por sus colores vivos.
9. El Salto Ángel es una.
10. Capital de Perú.
11. Lima tiene playas en este océano.
12. Río más caudaloso del mundo.
13. Moneda de Colombia.

Venezuela, Colombia, Ecuador y Perú son países _____ .

4 **¡A viajar!** Imagine that you won a trip to South America. Choose one of the countries described: **Venezuela, Colombia, Ecuador,** or **Perú.** Write a paragraph explaining your reasons for choosing that country.

Quiero ir a _____ porque...

_____

_____

_____

_____

_____

REPASO   **Lecciones 5–8**

1 **¿Son o están?** Form complete sentences using the words provided and **ser** or **estar**.

1. Paloma y Carlos / en la agencia de viajes.

_____

2. Sus padres / del Perú.

_____

3. Nosotros / alegres por el viaje a Lima.

_____

4. Su primo / esperándolos en el aeropuerto.

_____

5. Paloma / una turista amable.

_____

2 **¿Te importa?** Complete the sentences with the correct reflexive pronoun and the form of the verb in parentheses.

1. (gustar) A nosotros _____ la comida cubana.

2. (encantar) A mí _____ los huevos fritos.

3. (molestar) A mi hermano _____ el olor a pescado.

4. (importar) A ustedes no _____ esperar un rato para sentarse, ¿no?

5. (fascinar) A ti _____ los restaurantes franceses.

6. (faltar) A ellos _____ tiempo para beber el café.

3 **Las vacaciones** Complete the paragraph with the correct preterite forms of the verbs in parentheses.

Ignacio y yo (ir) _____ de viaje a Viña del Mar, en Chile. Nosotros _____ (comprar)
                          1   2
pasajes baratos varios meses atrás (*ago*). Yo _____ (buscar) precios de pasajes para Chile en
                                                    3
Internet. Los padres de Ignacio _____ (llegar) la semana pasada a Viña del Mar. Su padre
                                      4
_____ (preferir) llegar antes que nosotros para regresar más temprano. El primer día, ellos
      5
_____ (dormir) hasta tarde. Ignacio _____ (ir) al hotel donde sus padres se
      6   7
_____ (quedar). Su madre se _____ (aburrir) un poco los primeros días. Pero
      8   9
después, ella se _____ (interesar) más en la cultura local. Los padres de Ignacio
                      10
_____ (repetir) una y otra vez lo mucho que les _____ (gustar) Viña del Mar.
      11   12
Nosotros _____ (ir) a comer al restaurante del hotel y _____ (pedir) machas a la
            13   14
parmesana, un plato típico de Chile. El camarero _____ (servir) vino. La noche
                                                        15
_____ (ser) muy divertida.
      16

Workbook

4 **No son éstos** Answer these questions negatively using demonstrative pronouns.

> **modelo**
>
> ¿Les vas a prestar esos programas a ellos? (*those over there*)
> No, les voy a prestar aquéllos.

1. ¿Me vas a vender esa pelota de fútbol? (*this one*)

_____

2. ¿Van ustedes a mostrarle ese traje al cliente? (*that one over there*)

_____

3. ¿Va a llevarles estas bolsas Marisol? (*those ones*)

_____

4. ¿Les van a vender esos guantes a los estudiantes? (*these ones*)

_____
_____

5 **No, nada, nunca** Answer the questions negatively, using negative words.

1. ¿Llegó José con alguna amiga a la cena?

_____

2. ¿Te enojaste con alguien en el restaurante?

_____

3. ¿Les gustó la comida a los otros invitados?

_____

4. ¿Siempre se van tan tarde de las fiestas Raúl y su esposa?

_____

6 **La compra** Look at the photo and imagine everything that led up to the woman's purchase. What did she need? Why did she need it? What kind of weather is it for? Where did she decide to go buy it? Where did she go looking for it? Who helped her, and what did she ask them? Did she bargain with anyone? Was she undecided about anything? How did she pay for the purchase? Who did she pay? Answer these questions in a paragraph, using the preterite of the verbs that you know.

_____
_____
_____
_____
_____
_____
_____
_____
_____

PREPARACIÓN   **Lección 9**

1 **Identificar** Label the following terms as **estado civil, fiesta,** or **etapa de la vida.**

1. casada _____   7. vejez _____

2. adolescencia _____   8. aniversario de bodas _____

3. viudo _____   9. divorciado _____

4. juventud _____   10. madurez _____

5. quinceañera _____   11. cumpleaños _____

6. niñez _____   12. soltera _____

2 **Las etapas de la vida** Label the stages of life on the timeline.

1. _____

2. _____

3. _____

4. _____

5. _____

6. _____

3 **Escribir** Fill in the blank with the stage of life in which these events would normally occur.

1. jubilarse _____

2. graduarse en la universidad _____

3. cumplir nueve años _____

4. conseguir el primer trabajo _____

5. graduarse en la escuela secundaria _____

6. morir o quedar viudo _____

7. casarse (por primera vez) _____

8. tener un hijo _____

9. celebrar el cincuenta aniversario de bodas _____

10. tener la primera cita _____

4   **Información personal** Read the descriptions and answer the questions.

"Me llamo Jorge Rosas. Nací el 26 de enero de 1948. Mi esposa murió el año pasado. Tengo dos
hijos: Marina y Daniel. Terminé mis estudios de sociología en la Universidad Interamericana en 1970.
Me voy a jubilar este año. Voy a celebrar este evento con una botella de champán".

1. ¿Cuál es la fecha de nacimiento de Jorge? _____

2. ¿Cuál es el estado civil de Jorge? _____

3. ¿En qué etapa de la vida está Jorge? _____

4. ¿Cuándo es el cumpleaños de Jorge? _____

5. ¿Cuándo se graduó Jorge? _____

6. ¿Cómo va a celebrar la jubilación (*retirement*) Jorge? _____

"Soy Julia Jiménez. Nací en 1973. Me comprometí a los veinte años, pero rompí con mi novio antes
de casarme. Ahora estoy saliendo con un músico cubano. Soy historiadora del arte desde que terminé
mi carrera (*degree*) en la Universidad de Salamanca en 1995. Mi cumpleaños es el 11 de marzo. Mi
postre favorito es el flan".

7. ¿Cuál es la fecha de nacimiento de Julia? _____

8. ¿Cuál es el estado civil de Julia? _____

9. ¿En qué etapa de la vida está Julia? _____

10. ¿Cuándo es el cumpleaños de Julia? _____

11. ¿Cuándo se graduó Julia? _____

12. ¿Cuál es el postre favorito de Julia? _____

"Me llamo Manuel Blanco y vivo en Caracas. Mi esposa y yo nos comprometimos a los veintiséis
años, y la boda fue dos años después. Pasaron quince años y tuvimos tres hijos. Me gustan mucho los
dulces".

13. ¿Dónde vive Manuel? _____

14. ¿En qué etapa de la vida se comprometió Manuel? _____

15. ¿A qué edad se casó Manuel? _____

16. ¿Cuál es el estado civil de Manuel? _____

17. ¿Cuántos hijos tiene Manuel? _____

18. ¿Qué le gusta comer a Manuel? _____

GRAMÁTICA

9.1 Irregular preterites

1 **¿Hay o hubo?** Complete these sentences with the correct tense of **haber**.

1. Ahora _____ una fiesta de graduación en el patio de la universidad.

2. _____ muchos invitados en la fiesta de aniversario anoche.

3. Ya _____ una muerte en su familia el año pasado.

4. Siempre _____ galletas y dulces en esas conferencias.

5. _____ varias botellas de vino, pero los invitados se las tomaron.

6. Por las mañanas _____ unos postres deliciosos en esa tienda.

2 **¿Cómo fue?** Complete these sentences with the preterite of the verb in parentheses.

1. Cristina y Lara te (estar) _____ buscando en la fiesta anoche.

2. (Yo) (Tener) _____ un problema con mi pasaporte y lo pasé mal en la aduana.

3. Rafaela (venir) _____ temprano a la fiesta y conoció a Humberto.

4. El padre de la novia (hacer) _____ un brindis por los novios.

5. Tus padres (tener) _____ un divorcio relativamente amistoso (*friendly*).

6. Román (poner) _____ las maletas en el auto antes de salir.

3 **¿Qué hicieron?** Complete these sentences, using the preterite of **decir, conducir, traducir,** and **traer.**

1. Felipe y Silvia _____ que no les gusta ir a la playa.

2. Claudia le _____ unos papeles al inglés a su hermano.

3. David _____ su motocicleta nueva durante el fin de semana.

4. Rosario y Pepe me _____ un pastel de cumpleaños de regalo.

5. Cristina y yo les _____ a nuestras amigas que vamos a bailar.

6. Cuando fuiste a Guatemala, (tú) nos _____ regalos.

4 **Es mejor dar...** Rewrite these sentences in the preterite tense.

1. Antonio le da un beso a su madre.

_____

2. Los invitados le dan las gracias a la familia.

_____

3. Tú les das una sorpresa a tus padres.

_____

4. Rosa y yo le damos una sorpresa al profesor.

_____

5   **El pasado**   Create sentences using the elements provided. Use the preterite tense of the verbs.

1. Rosalía / hacer / galletas

_____

2. Mi tía / estar / en Perú

_____

3. (Yo) / venir / a este lugar

_____

4. Rita y Sara / decir / la verdad

_____

5. Ustedes / poner / la televisión

_____

6. Ellos / producir / una película

_____

7. (Nosotras) / traer / una cámara

_____

8. (Tú) / tener / un examen

_____

6   **Ya lo hizo**   Answer the questions negatively, indicating that the action has already occurred. Use the words in parentheses.

> **modelo**
>
> ¿Quiere Pepe cenar en el restaurante japonés? (restaurante mexicano)
> *No, ya Pepe cenó en el restaurante mexicano.*

1. ¿Vas a estar en la biblioteca hoy? (ayer)

_____

2. ¿Quieren dar una fiesta Elena y Miguel este fin de semana? (el sábado pasado)

_____

3. ¿Debe la profesora traducir esa novela este semestre? (el año pasado)

_____

4. ¿Va a haber un pastel de limón en la cena de hoy? (anoche)

_____

5. ¿Deseas poner los abrigos en la silla? (sobre la cama)

_____

6. ¿Van ustedes a tener un hijo? (tres hijos)

_____

9.2 Verbs that change meaning in the preterite

1 **¿No pudo o no quiso?** Complete these sentences with the preterite tense of the verbs in parentheses.

1. (poder) Liliana no _____ llegar a la fiesta de cumpleaños de Esteban.

2. (conocer) Las chicas _____ a muchos estudiantes en la biblioteca.

3. (querer) Raúl y Marta no _____ invitar al padre de Raúl a la boda.

4. (saber) Lina _____ ayer que sus tíos se van a divorciar.

5. (poder) (Nosotros) _____ regalarle una bicicleta a Marina.

6. (querer) María _____ romper con su novio antes del verano.

2 **Traducir** Use these verbs to write sentences in Spanish.

| poder | conocer |
| saber | querer |

1. I failed to finish the book on Wednesday.

_____

2. Inés found out last week that Vicente is divorced.

_____

3. Her girlfriends tried to call her, but they failed to.

_____

4. Susana met Alberto's parents last night.

_____

5. The waiters managed to serve dinner at eight.

_____

6. Your mother refused to go to your brother's house.

_____

3 **Raquel y Ronaldo** Complete the paragraph with the preterite of the verbs in the word bank.

| poder | conocer |
| saber | querer |

El año pasado Raquel _____1_____ al muchacho que ahora es su esposo, Ronaldo. Primero, Raquel no _____2_____ salir con él porque él vivía (was living) en una ciudad muy lejos de ella. Ronaldo _____3_____ convencerla durante muchos meses, pero no _____4_____ hacerlo. Finalmente, Raquel decidió darle una oportunidad a Ronaldo. Cuando empezaron a salir, Raquel y Ronaldo _____5_____ inmediatamente que eran el uno para el otro (they were made for each other). Raquel y Ronaldo _____6_____ comprar una casa en la misma ciudad y se casaron ese verano.

9.3 Relative pronouns

1 **Relativamente** Complete the sentences with **que, quien**, or **quienes**.

1. La chica con _____ quiero ir a la fiesta se llama Luisa.

2. Julio es la persona _____ está planeando la fiesta.

3. Los amigos a _____ conozco de la escuela van a ir a la fiesta.

4. María es la chica _____ cumple quince años.

5. La fiesta _____ está planeando Julio es una quinceañera.

6. La ropa _____ quiero usar en la fiesta es muy elegante.

7. Los amigos con _____ voy a la fiesta son muy divertidos.

8. Luisa es la única amiga _____ no sé si va a ir a la fiesta.

2 **Fiesta sorpresa** Answer the questions using the words in parentheses.

modelo
¿Qué es lo que está pasando aquí? (fiesta sorpresa)
Lo que está pasando aquí es una fiesta sorpresa.

1. ¿Qué es lo que celebramos? (el cumpleaños de tu hermana)

_____

2. ¿Qué es lo que llevas de ropa? (vestido nuevo)

_____

3. ¿Qué es lo que tiene esa caja grande? (un regalo para tu hermana)

_____

4. ¿Qué es lo que estás comiendo? (pastel de chocolate)

_____

5. ¿Qué es lo que bailan los invitados? (salsa)

_____

6. ¿Qué es lo que beben los tíos Ana y Mauricio? (vino)

_____

3 **¿Que o lo que?** Complete the sentences with **que** or **lo que**.

1. El pastel de cumpleaños _____ me trajo mi abuela es delicioso.

2. _____ más le gusta a mi abuela es celebrar los cumpleaños de sus nietos.

3. Las fiestas _____ organiza mi abuela son muy divertidas.

4. En sus fiestas todos nos reímos mucho, eso es _____ nos encanta de

sus fiestas.

4 Pronombres relativos Complete the sentences with **que, quien, quienes,** or **lo que**.

1. Los vecinos _____ viven frente a mi casa nos invitaron a una fiesta muy elegante.

2. _____ están celebrando es su aniversario de bodas.

3. Aurora y Ana, _____ son mis amigas de la escuela, van a ir también a la fiesta.

4. La fiesta _____ están organizando va a ser muy divertida.

5. Marcela y Luis, _____ son nuestros vecinos también, están haciendo la comida.

6. Yo puedo usar el carro de mi hermano, a _____ le regalaron uno en Navidad.

5 Mi amiga Natalia Complete the paragraph with **que, quien, quienes,** or **lo que**.

Natalia, _____ 1 _____ es mi amiga, tiene una gran idea. Natalia es la amiga _____ 2 _____ más quiero de todas. _____ 3 _____ Natalia pensó es hacer una gran fiesta de Navidad con toda su familia. Su papá, a _____ 4 _____ ella quiere mucho, va a ayudarla con la fiesta. La fiesta _____ 5 _____ Natalia y su papá quieren hacer va a ser una fiesta muy especial. Natalia, _____ 6 _____ es muy organizada, ya tiene una lista de todas las cosas que tiene que hacer. Tiene dos amigas con _____ 7 _____ va a ir de compras. Ella también tiene que estudiar para sus exámenes finales, _____ 8 _____ es muy importante. Pero sus amigas, _____ 9 _____ no tenemos exámenes finales, la estamos ayudando. Además dos amigos de su padre, a _____ 10 _____ Natalia llama tíos, también la están ayudando. Todos los miembros de su familia, _____ 11 _____ son los invitados van a pasarlo muy bien. ¡_____ 12 _____ Natalia necesita de regalo de Navidad son unas vacaciones!

6 Una fiesta Write a paragraph about a party. Be sure to use **que, lo que, quien,** and **quienes**.

_____

_____

_____

_____

_____

_____

_____

_____

_____

_____

_____

9.4 ¿Qué? and ¿cuál?

1 **¿Qué o cuál?** Complete these sentences with **qué**, **cuál**, or **cuáles**.

1. ¿_____ estás haciendo ahora?

2. ¿_____ gafas te gustan más?

3. ¿_____ prefieres, el vestido largo o el corto?

4. ¿Sabes _____ es mi disco favorito de éstos?

5. ¿_____ es un departamento de hacienda?

6. ¿_____ trajiste, las de banana o las de limón?

7. ¿_____ auto compraste este año?

8. ¿_____ es la tienda más elegante del centro?

2 **Muchas preguntas** Complete the sentences with interrogative words or phrases.

1. ¿_____ de esas muchachas es tu novia?

2. ¿_____ es una vendetta?

3. ¿_____ años cumple tu mamá este año?

4. ¿_____ pusiste las fotos de la boda?

5. ¿_____ te dijo esa mentira?

6. ¿_____ te regalaron ese vestido tan hermoso?

7. ¿_____ empieza el partido de tenis?

8. ¿_____ de estos dulces te gustan más?

9. ¿_____ pudiste terminar la tarea esa noche?

10. ¿_____ te llevó tu esposo para celebrar el aniversario?

3 **¿Cuál es la pregunta?** Write questions that correspond to these responses. Use each word or phrase from the word bank only once.

¿a qué hora?	¿dónde?	¿cuáles?	¿cuántos?	¿qué?
¿adónde?	¿cuál?	¿cuándo?	¿de dónde?	¿quién?

1. _____

La camisa que más me gusta es ésa.

2. _____

Hoy quiero descansar durante el día.

3. _____

Mi profesora de matemáticas es la señora Aponte.

4. _____

Soy de Buenos Aires, Argentina.

5. _____

Mis gafas favoritas son las azules.

6. _____

El pastel de cumpleaños está en el refrigerador.

7. _____

La fiesta sorpresa empieza a las ocho en punto de la noche.

8. _____

El restaurante cierra los lunes.

9. _____

Hay ciento cincuenta invitados en la lista.

10. _____

Vamos a la fiesta de cumpleaños de Inés.

4 **Síntesis** Research the life of a famous person who has had a stormy personal life, such as Elizabeth Taylor or Henry VIII. Write a brief biography of the person, including the following information:

- When was the person born?
- What was that person's childhood like?
- With whom did the person fall in love?
- Who did the person marry?
- Did he or she have children?
- Did the person get divorced?
- Did the person go to school, and did he or she graduate?
- How did his or her career or lifestyle vary as the person went through different stages in life?

_____

_____

_____

_____

_____

_____

_____

PREPARACIÓN   **Lección 10**

1 **El cuerpo humano** Label the parts of the body.

1. _____

2. _____

3. _____

4. _____

5. _____

6. _____

7. _____

8. _____

2 **¿Adónde vas?** Fill in the blanks with the place that matches each description.

el consultorio	la clínica	la farmacia
el dentista	el hospital	la sala de emergencia

1. tienes que comprar aspirina _____

2. tienes un dolor de muelas _____

3. te rompes una pierna _____

4. te debes hacer un examen médico _____

5. te van a hacer una operación _____

6. te van a poner una inyección _____

3 **Las categorías** List these terms under the appropriate category.

fiebre	infección	congestionado
receta	operación	antibiótico
resfriado	tos	tomar la temperatura
pastilla	estornudos	aspirina
dolor de cabeza	gripe	poner una inyección
radiografía		

Síntoma: _____

Enfermedad: _____

Diagnóstico: _____

Tratamiento (*Treatment*): _____

4 **Oraciones completas** Complete the sentences with the correct words.

alérgica	caerse	hueso	radiografía
síntomas	infección	receta	farmacia
lastimó	fiebre	embarazada	salud

1. La señora Gandía va a tener un hijo en septiembre. Está _____.

2. Manuel tiene la temperatura muy alta. Tiene _____.

3. Rosita tiene un dolor de garganta. Debe tener una _____.

4. A Pedro le cayó una mesa en el pie. El pie se le _____.

5. Mi tía estornuda mucho durante la primavera. Es _____ al polen.

6. Tienes que llevar la _____ a la farmacia para que te vendan (*in order for them to sell you*) la medicina.

7. Le tomaron una _____ de la pierna para ver si se le rompió.

8. Los _____ de un resfriado son los estornudos y la tos.

5 **Doctora y paciente** Choose the logical sentences to complete the dialogue.

DOCTORA ¿Qué síntomas tienes?

PACIENTE _____
a. Tengo tos y me duele la cabeza.
b. Soy muy saludable.
c. Me recetaron un antibiótico.

DOCTORA _____
a. ¿Cuándo fue el accidente?
b. ¿Te dio fiebre ayer?
c. ¿Dónde está la sala de emergencia?

PACIENTE _____
a. Fue a la farmacia.
b. Me torcí el tobillo.
c. Sí, mi esposa me tomó la temperatura.

DOCTORA _____
a. ¿Estás muy congestionado?
b. ¿Estás embarazada?
c. ¿Te duele una muela?

PACIENTE _____
a. Sí, me hicieron una operación.
b. Sí, estoy mareado.
c. Sí, y también me duele la garganta.

DOCTORA _____
a. Tienes que ir al consultorio.
b. Es una infección de garganta.
c. La farmacia está muy cerca.

PACIENTE _____
a. ¿Tengo que tomar un antibiótico?
b. ¿Debo ir al dentista?
c. ¿Qué indican las radiografías?

DOCTORA _____
a. Sí, eres alérgico.
b. Sí, te lastimaste el pie.
c. Sí, ahora te lo voy a recetar.

GRAMÁTICA

10.1 The imperfect tense

1 El imperfecto Complete the sentences with the correct forms of the verbs in parentheses.

1. (cenar) Antes, la familia Álvarez _____ a las ocho de la noche.

2. (cantar) De niña, yo _____ en el Coro de Niños de San Juan.

3. (recorrer) Cuando vivían en la costa, ustedes _____ la playa por las mañanas.

4. (jugar) Mis hermanas y yo _____ en un equipo de béisbol.

5. (tener) La novia de Raúl _____ el pelo rubio en ese tiempo.

6. (escribir) Antes de tener la computadora, (tú) _____ a mano (*by hand*).

7. (creer) (Nosotros) _____ que el concierto era el miércoles.

8. (buscar) Mientras ellos lo _____ en su casa, él se fue a la universidad.

2 Oraciones imperfectas Create sentences with the elements provided. Use the correct imperfect tense forms of the verbs.

1. mi abuela / ser / muy trabajadora y amable

_____

2. tú / ir / al teatro / cuando vivías en Nueva York

_____

3. ayer / haber / muchísimos pacientes en el consultorio

_____

4. (nosotros) / ver / tu casa desde allí

_____

5. ser / las cinco de la tarde / cuando llegamos a San José

_____

6. ella / estar / muy nerviosa durante la operación

_____

3 No, pero antes... Answer the questions negatively, using the imperfect tense.

modelo
¿Juega Daniel al fútbol?
No, pero antes jugaba.

1. ¿Hablas por teléfono? _____

2. ¿Fue a la playa Susana? _____

3. ¿Come carne Benito? _____

4. ¿Te trajo tu novio? _____

5. ¿Conduce tu mamá? _____

Workbook

4 **¿Qué hacían?** Write sentences that say what the people in the drawings were doing yesterday at three o'clock in the afternoon. Use the subjects provided.

1. Tú

_____

_____

_____

2. Rolando

_____

_____

_____

3. Pablo y Elena

_____

_____

_____

4. Lilia y yo

_____

_____

_____

5 **Antes y ahora** Javier is thinking about his childhood—how things were then and how they are now. Write two sentences saying what Javier used to do and what he does now.

> **modelo**
>
> vivir en casa / vivir en la residencia estudiantil
> **Antes vivía en casa.**
> **Ahora vivo en la residencia estudiantil.**

1. jugar al fútbol con mis hermanos / jugar en el equipo de la universidad

_____

_____

2. escribir las cartas a mano / escribir mensajes electrónicos en la computadora

_____

_____

3. ser rubio y gordito (*chubby*) / ser moreno y delgado

_____

_____

4. tener a mi familia cerca / tener a mi familia lejos

_____

_____

5. estudiar en mi habitación / estudiar en la biblioteca

_____

_____

6. conocer a las personas de mi pueblo / conocer personas de todo el (*the whole*) país

_____

_____

10.2 Constructions with se

1 **¿Qué se hace?** Complete the sentences with verbs from the word bank. Use impersonal constructions with **se**.

servir	hablar	vender
poder	recetar	vivir

1. En Costa Rica _____ español.

2. En las librerías _____ libros y revistas.

3. En los restaurantes _____ comida.

4. En los consultorios _____ medicinas.

5. En el campo _____ muy bien.

6. En el mar _____ nadar y pescar.

2 **Los anuncios** Write advertisements or signs for the situations described. Use impersonal constructions with **se**.

1. "Está prohibido fumar".

2. "Vendemos periódicos".

3. "Hablamos español".

4. "Necesitamos enfermeras".

5. "No debes nadar".

6. "Estamos buscando un auto usado".

3 **Pronombres** Complete the sentences with the correct indirect object pronouns.

1. Se _____ perdieron las maletas a Roberto.

2. A mis hermanas se _____ cayó la mesa.

3. A ti se _____ olvidó venir a buscarme ayer.

4. Se _____ quedó la ropa nueva en mi casa a ustedes.

5. A las tías de Ana se _____ rompieron los vasos.

6. A Isabel se _____ dañó la ropa blanca.

4 **El verbo correcto** Choose the correct form of the verb in parentheses, then rewrite each sentence.

1. A Marina se le (cayó, cayeron) la bolsa.

_____

2. A ti se te (olvidó, olvidaron) comprarme la medicina.

_____

3. A nosotros se nos (quedó, quedaron) los libros en el auto.

_____

4. A Ramón y a Pedro se les (dañó, dañaron) el proyecto.

_____

5 **Eso pasó** Create sentences using the elements provided and impersonal constructions with **se**. Use the preterite tense of the verbs.

> modelo
> (a Raquel) / olvidar / comer antes de salir
> *Se le olvidó comer antes de salir.*

1. (a tu hermana) / perder / las llaves del auto

_____

2. (a ustedes) / olvidar / ponerse las inyecciones

_____

3. (a ti) / caer / los papeles del médico

_____

4. (a Marcos) / romper / la pierna cuando esquiaba

_____

5. (a mí) / dañar / la cámara durante el viaje

_____

6 **¿Qué pasó?** Answer the questions, using the phrases in parentheses.

> modelo
> ¿Qué le pasó a Roberto? (quedar los libros en casa)
> *Se le quedaron los libros en casa.*

1. ¿Qué les pasó a Pilar y a Luis? (dañar el coche)

_____

2. ¿Qué les pasó a los padres de Sara? (romper la botella de vino)

_____

3. ¿Qué te pasó a ti? (perder las llaves de la casa)

_____

4. ¿Qué les pasó a ustedes? (quedar las toallas en la playa)

_____

5. ¿Qué le pasó a Hugo? (olvidar estudiar para el examen)

_____

10.3 Adverbs

1 **Adjetivos y adverbios** Complete the sentences by changing the adjectives in the first sentences into adverbs in the second.

1. Los conductores son lentos. Conducen _____.

2. Esa doctora es amable. Siempre nos saluda _____.

3. Los autobuses de mi ciudad son frecuentes. Pasan por la parada _____.

4. Rosa y Julia son chicas muy alegres. Les encanta bailar y cantar _____.

5. Mario y tú hablan un español perfecto. Hablan español _____.

6. Los pacientes visitan al doctor de manera constante. Lo visitan _____.

7. Llegar tarde es normal para David. Llega tarde _____.

8. Me gusta trabajar de manera independiente. Trabajo _____.

2 **Adverbios** Complete the sentences with adverbs and adverbial expressions from the word bank. Use each term once.

pronto	a tiempo
bastante	a menudo
por lo menos	casi

1. Tito no es un niño muy sano. Se enferma _____.

2. El doctor Garrido es muy puntual. Siempre llega al consultorio _____.

3. Mi madre visita al doctor con frecuencia. Se chequea _____ una vez cada año.

4. Fui al doctor el año pasado. Tengo que volver _____.

5. Llegué tarde al autobús, y _____ tuve que ir al centro caminando.

6. El examen fue _____ difícil.

3 **Más adverbios** Complete the sentences with the adverbs or adverbial phrases that correspond to the words in parentheses.

1. Llegaron temprano al concierto; (*thus*) _____, consiguieron asientos muy buenos.

2. El accidente fue (*rather*) _____ grave, pero al conductor no se le rompió ningún hueso.

3. Irene y Vicente van a comer (*less*) _____ porque quieren estar más delgados.

4. Silvia y David (*almost*) _____ se cayeron de la motocicleta cerca de su casa.

5. Para aprobar (*pass*) el examen, tienes que contestar (*at least*) _____ el 75% de

las preguntas.

6. Mi mamá (*sometimes*) _____ se tuerce el tobillo cuando camina mucho.

4 **¿Adjetivo o adverbio?** Choose the correct adjective or adverb from those in parentheses. Then write the complete sentence.

1. Es importante conducir (inteligente, inteligentemente).

_____

2. No existe una cura (real, realmente) para el cáncer.

_____

3. El agua del río (*river*) corría (tranquila, tranquilamente).

_____

4. Germán tiene unos dibujos (maravillosos, maravillosamente).

_____

5. Claudia y Elena son personas (felices, felizmente).

_____

6. Miguel y Ana se conocieron (gradual, gradualmente).

_____

7. La comida y el agua son necesidades (básicas, básicamente).

_____

8. Los antibióticos son (enormes, enormemente) importantes en la medicina.

_____

5 **De vez en cuando** Answer the questions, using the adverbs or adverbial phrases in parentheses. Do not repeat the subject in the answer.

> **modelo**
> ¿Va Enrique a la playa siempre? (*sometimes*)
> No, va a la playa a veces.

1. ¿Van al cine con frecuencia Vicente y Juan Carlos? (*seldom*)

_____

2. ¿Llegaron Natalia y Francisco a la cena? (*on time*)

_____

3. ¿Comías en el restaurante japonés? (*a lot*)

_____

4. ¿Estudiaste para el examen de historia? (*enough*)

_____

5. ¿Comen carne Ricardo y Teresa? (*hardly*)

_____

6. ¿Se enferma a menudo tu hermano? (*from time to time*)

_____

¡VIVAN LOS PAÍSES HISPANOS!

Suramérica II

1   **El mapa** Answer the questions in the map with complete sentences.

1. ¿Cuál es uno de los sitios turísticos más visitados de este país?

   _____

2. ¿Por qué es especial la capital de este país?

   _____

3. ¿Qué es lo que forma parte de la dieta diaria de la población de este país?

   _____

5. ¿Cuáles son los deportes que se practican en las montañas nevadas de la Cordillera de los Andes?

   _____

4. ¿Cómo es el tango desde 1930?

   _____

2   **Palabras desordenadas** Unscramble the words about Argentina, Chile, Uruguay, Paraguay, and Bolivia, using the clues.

1. ODNETOVEMI _____
   (capital de Uruguay)

2. SANACFIRA _____
   (una de las raíces del tango)

3. TOORVPOAVCI _____
   (una característica del tango en un principio)

4. ÚIAUZG _____
   (cataratas que se forman en la frontera entre Brasil, Argentina y Paraguay)

5. UTAORPOERE _____
   (está a una altitud de 3.600 metros en La Paz)

6. ILRARADLAP _____
   (uno de los platos más conocidos en Uruguay y Argentina)

7. AGÍRNUA _____
   (la moneda que se usa en Paraguay)

8. AZALACBA _____
   (el material que se usa para hacer la taza en donde se bebe mate)

9. IOENVRNI _____
   (tipo de deportes que son el esquí y el snowboard)

10. YAGPUARA _____
    (río que es el principal afluente del río Paraná)

Workbook

3 Palabras cruzadas (*crossed*) Write a description of each of the words that are formed horizontally. Then, write a question that corresponds to the word that is formed vertically in bold letters.

1. _____
2. _____
3. _____
4. _____
5. _____
6. _____
7. _____
8. _____
9. _____
10. _____

¿ _____ ?

```
            M e n d o z a
              b o m b i l l a
        P a r a n á
              s u b t r o p i c a l
    s o r o c h e
        B o l i v i a
        P o r t i l l o
  l u n f a r d o
  g a n a d e r í a
  B u e n o s ■ A i r e s
```

4 ¿Qué se hace? Read each statement and choose the logical response.

1. En Chile se practican ____
2. El malestar que provoca la altura de La Paz se conoce ____
3. En Argentina se baila ____
4. En la capital más alta del mundo se habla ____
5. En Uruguay y en Argentina se come ____
6. En el país de Paraguay se visitan ____
7. La moneda que se usa en Paraguay es ____
8. En Uruguay y Argentina se bebe ____

a. la lengua llamada aimará.
b. como *soroche*.
c. mate con un popote metálico.
d. las famosas cataratas de Iguazú.
e. el guaraní.
f. deportes de invierno.
g. tango, baile de raíces africanas y europeas.
h. asado, parrillada y chivito.

PREPARACIÓN

Lección 11

1 **La tecnología** Fill in the blanks with the correct terms.

1. Para multiplicar y dividir puedes usar _____.

2. Para hacer videos de tu familia puedes usar _____.

3. Cuando vas a un sitio Web, lo primero (*the first thing*) que ves es _____.

4. Cuando no estás en casa y alguien te llama, te deja un mensaje en _____.

5. La red de computadoras y servidores más importante del mundo es _____.

6. Para poder ver muchos programas distintos, tienes que tener _____.

2 **Eso hacían** Match a subject from the word bank to each verb phrase. Then write complete sentences for the pairs using the imperfect.

la impresora nueva	el mecánico de Jorge	el auto viejo
el teléfono celular	algunos jóvenes estadounidenses	el conductor del autobús

1. manejar lentamente por la nieve

_____

2. imprimir los documentos muy rápido

_____

3. revisarle el aceite al auto todos los meses

_____

4. sonar en la casa pero nadie cogerlo

_____

5. no arrancar cuando llover

_____

6. navegar en Internet de niños

_____

3 **La computadora** Label the drawing with the correct terms.

1. _____

2. _____

5. _____

3. _____

4. _____

6. _____

7. _____

8. _____

4 **Preguntas** Answer the questions with complete sentences.

1. ¿Para qué se usa la impresora?

_____

2. ¿Para qué se usan los frenos del coche?

_____

3. ¿Qué se usa para enviar documentos?

_____

4. ¿Qué se usa para manejar el carro?

_____

5. ¿Qué se usa para navegar en Internet?

_____

6. ¿Para qué se usan las llaves del carro?

_____

_____

5 **Mi primer día manejando** Complete the paragraph with terms from the word bank using the appropriate tense of each verb.

multa	mujer policía	subir	arrancar
camino	parar	chocar	lento
lleno	aceite	velocidad máxima	estacionar
licencia de conducir	tráfico	calle	

Después de dos exámenes, conseguí mi _____ (1) para poder manejar legalmente por primera vez. Estaba muy emocionado cuando _____ (2) al carro de mi papá. El tanque estaba _____ (3), el _____ (4) lo revisaron el día anterior y el carro y yo estábamos listos para _____ (5). Primero salí por el _____ (6) en donde está mi casa. Luego llegué a una _____ (7) principal, donde había mucha gente y el _____ (8) era más pesado (*heavy*). Se me olvidó _____ (9) en el semáforo, que estaba amarillo, y casi _____ (10) con un autobús. La _____ (11) era de 40 millas por hora, pero yo estaba tan nervioso que iba mucho más _____ (12), a 10 millas por hora. Vi a una _____ (13) en su motocicleta y tuve miedo. ¡No quería una _____ (14) en mi primer día de conducir! Por eso volví a casa y _____ (15) el carro en la calle. ¡Qué aventura!

GRAMÁTICA

11.1 The preterite and the imperfect

1 **¿Pretérito o imperfecto?** Complete the sentences correctly with imperfect or preterite forms of the verbs in parentheses.

1. (escribir) Claudia _____ un mensaje por Internet cuando la llamó Miguel.

2. (chocar) El conductor estacionaba su auto cuando _____ conmigo.

3. (cambiar) Mariela cruzaba la calle cuando el semáforo _____ a verde.

4. (estar) (Yo) _____ mirando la televisión cuando llegaron mis hermanos.

5. (revisar) Mientras el mecánico _____ el aceite, yo entré a comprar una soda.

6. (quedarse) Tú _____ en el auto mientras Rolando llenaba el tanque.

7. (leer) Cuando Sandra llegó al café, Luis _____ el periódico.

8. (funcionar) Antes el auto no _____, pero ayer el mecánico lo arregló.

2 **De niño y ayer** Complete each pair of sentences by using the imperfect and preterite forms of the verbs in parentheses.

(bailar)

1. Cuando era pequeña, Sara _____ ballet todos los lunes y miércoles.

2. Ayer Sara _____ ballet en el recital de la universidad.

(escribir)

3. Esta mañana, (yo) le _____ un mensaje instantáneo a mi papá.

4. Antes (yo) le _____ mensajes por correo electrónico.

(ser)

5. El novio de María _____ guapo, inteligente y simpático.

6. El viaje de novios _____ una experiencia inolvidable (*unforgettable*).

(haber)

7. _____ una fiesta en casa de Maritere el viernes pasado.

8. Cuando llegamos a la fiesta, _____ mucha gente.

(ver)

9. El lunes _____ a mi prima Lisa en el centro comercial.

10. De niña, yo _____ a Lisa todos los días.

3 **¿Qué pasaba?** Look at the drawings, then complete the sentences, using the preterite or imperfect.

1. Cuando llegué a casa anoche, las niñas _____ .

2. Cuando empezó a llover, Sara _____ .

3. Antes de irse de vacaciones, la Sra. García _____ .

4. Cada vez que lo veíamos, Raúl _____ .

4 **El pasado** Decide whether the verbs in parentheses should be in the preterite or the imperfect. Then rewrite the sentences.

1. Ayer Clara (ir) a casa de sus primos, (saludar) a su tía y (comer) con ellos.

_____

2. Cuando Manuel (vivir) en Buenos Aires, (conducir) mucho todos los días.

_____

3. Mientras Carlos (leer) las traducciones (*translations*), Blanca (traducir) otros textos.

_____

4. El doctor (terminar) el examen médico y me (recetar) un antibiótico.

_____

5. La niña (tener) ocho años y (ser) inteligente y alegre.

_____

6. Rafael (cerrar) todos los programas, (apagar) la computadora y (irse).

_____

5 **¡Qué diferencia!** Complete this paragraph with the preterite or the imperfect of the verbs in parentheses.

La semana pasada (yo) (llegar) _____ a la universidad y me di cuenta (*realized*)

de que este año va a ser muy diferente a los anteriores. Todos los años Laura y yo (vivir)

_____ con Regina, pero la semana pasada (nosotras) (conocer)

_____ a nuestra nueva compañera de cuarto, Gisela. Antes Laura, Regina y yo

(tener) _____ un apartamento muy pequeño, pero al llegar la semana pasada,

(nosotras) (ver) _____ el apartamento nuevo: es enorme y tiene mucha luz.

Antes de vivir con Gisela, Laura y yo no (poder) _____ leer el correo

electrónico desde la casa, pero ayer Gisela (conectar) _____ su computadora a

Internet y todas (leer) _____ nuestros mensajes. Antes (nosotras) siempre

(caminar) _____ hasta la biblioteca para ver el correo, pero anoche Gisela nos

(decir) _____ que podemos compartir su computadora. ¡Qué diferencia!

6 **¿Dónde estabas?** Write questions and answers with the words provided. Ask where these people were when something happened.

> **modelo**
>
> Elena ——➤ Ricardo / salir a bailar // cuarto / dormir la siesta
> ¿Dónde estaba Elena cuando Ricardo salió a bailar?
> Elena estaba en el cuarto. Dormía la siesta.

1. María ——➤ (yo) / llamar por teléfono // cocina / lavar los platos

_____

_____

2. (tú) ——➤ Teresa y yo / ir al cine // casa / leer una revista

_____

_____

3. tu hermano ——➤ empezar a llover // calle / montar en bicicleta

_____

_____

4. ustedes ——➤ Luisa / venir a casa // estadio / jugar al fútbol

_____

_____

5. Ana y Pepe ——➤ (tú) / saludarlos // supermercado / hacer las compras

_____

_____

Workbook

7 El diario de Laura Laura has just found a page from her old diary. Rewrite the page in the past tense, using the preterite and imperfect forms of the verbs as appropriate.

Querido diario:

Estoy pasando el verano en Córdoba, y es un lugar muy divertido. Salgo con mis amigas todas las noches hasta tarde. Bailo con nuestros amigos y nos divertimos mucho. Durante la semana trabajo: doy clases de inglés. Los estudiantes son alegres y se interesan mucho por aprender. El día de Navidad conocí a un chico muy simpático que se llama Francisco. Me llamó al día siguiente (*next*) y nos vemos todos los días. Me siento enamorada de él. Creo que va a venir a Boston para estar conmigo. Tenemos que buscar trabajo allí, pero estamos muy emocionados.

Laura

_____

_____

_____

_____

_____

_____

_____

_____

8 Pretérito e imperfecto Rewrite the paragraph, using the preterite or imperfect forms of the verbs in parentheses as appropriate.

Ayer mi hermana y yo (ir) a la playa. Cuando llegamos, (ser) un día despejado con mucho sol, y nosotras (estar) muy contentas. A las doce (comer) unos sándwiches de almuerzo. Los sándwiches (ser) de jamón y queso. Luego (descansar) y entonces (nadar) en el mar. Mientras (nadar), (ver) a las personas que (practicar) el esquí acuático. (Parecer) muy divertido, así que (decidir) probarlo. Mi hermana (ir) primero, mientras yo la (mirar). Luego (ser) mi turno. Las dos (divertirse) mucho esa tarde.

_____

_____

_____

_____

_____

_____

_____

11.2 Por and para

1 **Para esto o por aquello** Complete the sentences with **por** or **para** as appropriate.

1. Pudieron terminar el trabajo _____ haber empezado (*having begun*) a tiempo.

2. Ese *fax* es _____ enviar y recibir documentos de la compañía.

3. Elsa vivió en esa ciudad _____ algunos meses hace diez años.

4. Mi mamá compró esta computadora portátil _____ mi papá.

5. Sales _____ Argentina mañana a las ocho y media.

6. Rosaura cambió la blusa blanca _____ la blusa rosada.

7. El señor López necesita el informe _____ el 2 de agosto.

8. Estuve estudiando toda la noche _____ el examen.

9. Los turistas fueron de excursión _____ las montañas.

10. Mis amigos siempre me escriben _____ correo electrónico.

2 **Por muchas razones** Complete the sentences with the expressions in the word bank.

por aquí	por eso
por ejemplo	por fin

1. Ramón y Sara no pudieron ir a la fiesta anoche; _____ no los viste.

2. Buscaron el vestido perfecto por mucho tiempo, y _____ lo encontraron en esa tienda.

3. Creo que va a ser difícil encontrar un módem y un monitor _____.

4. Pídele ayuda a uno de tus amigos, _____, a Miguel, a Carlos o a Francisco.

5. Miguel y David no saben si podemos pasar _____ en bicicleta.

6. La videocasetera no está conectada, y _____ no funciona.

3 **Por y para** Complete the sentences with **por** or **para**.

1. Fui a comprar frutas (*instead of*) _____ mi madre.

2. Fui a comprar frutas (*to give to*) _____ mi madre.

3. Rita le dio dinero (*in order to buy*) _____ el módem.

4. Rita le dio dinero (*in exchange for*) _____ el módem.

5. La familia los llevó (*through*) _____ los Andes.

6. La familia los llevó (*to*) _____ los Andes.

4 **Escribir oraciones** Write sentences in the preterite, using the elements provided and **por** or **para**.

> **modelo**
>
> (tú) / salir en el auto / ¿? / Córdoba
> *Saliste en el auto para Córdoba.*

1. Ricardo y Emilia / traer un pastel / ¿? / su prima

_____

2. los turistas / llegar a las ruinas / ¿? / barco

_____

3. (yo) / tener resfriado / ¿? / el frío

_____

4. mis amigas / ganar dinero / ¿? / viajar a Suramérica

_____

5. ustedes / buscar a Teresa / ¿? / toda la playa

_____

6. el avión / salir a las doce / ¿? / Buenos Aires

_____

5 **Para Silvia** Complete the paragraph with **por** and **para**.

Fui a la agencia de viajes porque quería ir _____₁_____ Mendoza

_____₂_____ visitar a mi novia, Silvia. Entré _____₃_____ la puerta y

Marta, la agente de viajes, me dijo: "¡Tengo una oferta excelente _____₄_____ ti!"

Me explicó que podía viajar en avión _____₅_____ Buenos Aires

_____₆_____ seiscientos dólares. Podía salir un día entre semana,

_____₇_____ ejemplo, lunes o martes. Me podía quedar en una pensión en Buenos

Aires _____₈_____ quince dólares _____₉_____ noche. Luego viajaría

_____₁₀_____ tren a Mendoza _____₁₁_____ encontrarme con Silvia.

"Debes comprar el pasaje _____₁₂_____ el fin de mes", me recomendó Marta. Fue la

oferta perfecta _____₁₃_____ mí. Llegué a Mendoza y Silvia vino a la estación

_____₁₄_____ mí. Traje unas flores _____₁₅_____ ella. Estuve en

Mendoza _____₁₆_____ un mes y _____₁₇_____ fin Silvia y yo nos

comprometimos. Estoy loco _____₁₈_____ ella.

11.3 Stressed possesive adjectives and pronouns

1 **Esas cosas tuyas** Fill in the blanks with the possessive adjectives as indicated.

1. Ana nos quiere mostrar unas fotos (*of hers*) _____.

2. A Lorena le encanta la ropa (*of ours*) _____.

3. Los turistas traen las toallas (*of theirs*) _____.

4. El mecánico te muestra unos autos (*of his*) _____.

5. El sitio Web (*of his*) _____ es espectacular.

6. ¿Quieres probar el programa de computación (*of ours*) _____?

7. Roberto prefiere usar la computadora (*of mine*) _____.

8. Ese ratón (*of yours*) _____ es el más moderno que existe.

2 **¿De quién es?** Complete the sentences with possessive adjectives.

1. Ésa es mi computadora. Es la computadora _____.

2. Vamos a ver su sitio Web. Vamos a ver el sitio Web _____.

3. Aquéllos son mis archivos. Son los archivos _____.

4. Quiero usar el programa de él. Quiero usar el programa _____.

5. Buscamos nuestra impresora. Buscamos la impresora _____.

6. Ésos son los discos compactos de ella. Son los discos compactos _____.

7. Tienen que arreglar tu teclado. Tienen que arreglar el teclado _____.

8. Voy a usar el teléfono celular de ustedes. Voy a usar el teléfono celular _____.

3 **Los suyos** Answer the questions. Follow the model.

> **modelo**
> ¿Vas a llevar tu cámara?
> Sí, voy a llevar la mía.

1. ¿Prefieres usar tu calculadora? _____

2. ¿Quieres usar nuestro módem? _____

3. ¿Guardaste los archivos míos? _____

4. ¿Llenaste el tanque de su auto? _____

5. ¿Manejó Sonia nuestro auto? _____

6. ¿Vas a comprar mi televisor? _____

4 **Los pronombres posesivos** Replace the question with one using **de** to clarify the possession. Then answer the question affirmatively, using a possessive pronoun.

> **modelo**
> ¿Es suyo el teléfono celular? (de ella)
> ¿Es de ella el teléfono celular? Sí, es suyo.

1. ¿Son suyas las gafas? (de usted)

_____

2. ¿Es suyo el estéreo? (de Joaquín)

_____

3. ¿Es suya la impresora? (de ellos)

_____

4. ¿Son suyos esos módems? (de Susana)

_____

5. ¿Es suyo el coche? (de tu mamá)

_____

6. ¿Son suyas estas calculadoras? (de ustedes)

_____

5 **Síntesis** Tell the story of a romantic couple you know. Use the preterite and the imperfect to tell their story. Use reciprocal reflexive forms of verbs to tell what happened between them and when. Use stressed possessive adjectives and pronouns as needed to talk about their families and their difficulties.

_____

_____

_____

_____

_____

_____

_____

_____

_____

_____

_____

_____

_____

PREPARACIÓN   **Lección 12**

1 **Los aparatos domésticos** Answer the questions with complete sentences.

> **modelo**
> Julieta quiere calentar comida rápidamente. ¿Qué tiene que usar Julieta?
> Julieta **tiene que usar el horno de microondas.**

1. La ropa de Joaquín está sucia. ¿Qué necesita Joaquín?

_____

2. Clara lavó la ropa. ¿Qué necesita Clara ahora?

_____

3. Los platos de la cena están sucios. ¿Qué se necesita?

_____

4. Rita quiere hacer hielo. ¿Dónde debe poner el agua?

_____

2 **¿En qué habitación?** Label these items as belonging to **la cocina, la sala,** or **la alcoba.**

1. el lavaplatos _____   5. la almohada _____

2. el sillón _____   6. el refrigerador _____

3. la cama _____   7. la mesita de noche _____

4. el horno _____   8. el sofá _____

3 **¿Qué hacían?** Complete the sentences, describing the domestic activity in each drawing.

1. Ramón _____   2. Rebeca _____

3. Mi tío Juan _____   4. Isabel _____

4 **Una es diferente** Fill in the blank with the word that doesn't belong in each group.

1. sala, plato, copa, vaso, taza _____

2. cuchillo, altillo, plato, copa, tenedor _____

3. horno, balcón, patio, jardín, garaje _____

4. cartel, estante, pintura, lavadora, cuadro _____

5. alcoba, sala, comedor, pasillo, oficina _____

6. lavadora, escalera, secadora, lavaplatos, refrigerador _____

5 **Crucigrama** Complete the crossword puzzle.

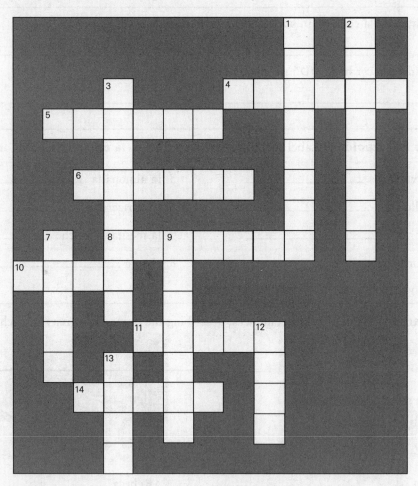

Horizontales

4. el hombre que vive al lado de tu casa

5. Julieta habló con Romeo desde su _____.

6. sillón, mesa, cama o silla

8. lo que pones cuando necesitas luz

10. lo que usas para tomar vino

11. Usas estas cosas para tomar agua o soda.

14. lo que usas cuando hace frío de noche

Verticales

1. lo que usas para ir de un piso a otro

2. Obras (*works*) de Picasso, de Goya, etc.

3. pagar dinero cada mes por vivir en un lugar

7. _____ de microondas

9. Si vas a vivir en otro lugar, vas a _____.

12. donde se pueden sentar tres o cuatros personas

13. lo que usas para tomar el café

GRAMÁTICA

12.1 Formal (Ud. and Uds.) commands

1 **Háganlo así** Complete the commands, using the verbs in parentheses.

Usted

1. (lavar) _____ la ropa con el nuevo detergente.

2. (salir) _____ de su casa y disfrute del aire libre.

3. (decir) _____ todo lo que piensa hacer hoy.

4. (beber) No _____ demasiado en la fiesta.

5. (venir) _____ preparado para pasarlo bien.

6. (volver) No _____ sin probar la langosta de Maine.

Ustedes

7. (comer) No _____ con la boca abierta.

8. (oír) _____ música clásica en casa.

9. (poner) No _____ los codos (*elbows*) en la mesa.

10. (traer) _____ un regalo a la fiesta de cumpleaños.

11. (ver) _____ programas de televisión educativos.

12. (conducir) _____ con precaución (*caution*) por la ciudad.

2 **Por favor** Give instructions to a person cleaning a house by changing the verb phrases into formal commands.

> **modelo**
> sacudir la alfombra
> *Sacuda la alfombra, por favor.*

1. traer la aspiradora

_____

2. arreglar el coche

_____

3. bajar al sótano

_____

4. apagar la estufa

_____

5. venir a la casa

_____

3 **Para emergencias** Rewrite the paragraph, replacing **debe** + *verb* with formal commands.

El huésped debe leer estas instrucciones para casos de emergencia. En caso de emergencia, el huésped debe tocar la puerta antes de abrirla. Si la puerta no está caliente, el huésped debe salir de la habitación con cuidado (*carefully*). Al salir, el huésped debe doblar a la derecha por el pasillo y debe bajar por la escalera de emergencia. El huésped debe mantener la calma y debe caminar lentamente. El huésped no debe usar el ascensor durante una emergencia. El huésped debe dejar su equipaje en la habitación en caso de emergencia. Al llegar a la planta baja, el huésped debe salir al patio o a la calle. Luego el huésped debe pedir ayuda a un empleado del hotel.

_____
_____
_____
_____
_____
_____
_____
_____

4 **Lo opuesto** Change each command to say the opposite.

> **modelo**
> Recéteselo a mi hija.
> No se lo recete a mi hija.

1. Siéntense en la cama. _____

2. No lo limpie ahora. _____

3. Lávenmelas mañana. _____

4. No nos los sirva. _____

5. Sacúdalas antes de ponerlas. _____

6. No se las busquen. _____

7. Despiértenlo a las ocho. _____

8. Cámbiesela a veces. _____

9. Pídanselos a Martín. _____

10. No se lo digan hoy. _____

12.2 The present subjunctive

1 **Oraciones** Complete the sentences with the present subjunctive of the verb in parentheses.

1. (comer) Es bueno que ustedes _____ frutas, verduras y pescado.

2. (estudiar) Es importante que Laura y yo _____ para el examen de física.

3. (mirar) Es urgente que el doctor te _____ la rodilla y la pierna.

4. (leer) Es malo que los niños no _____ mucho de pequeños (*when they are little*).

5. (escribir) Es mejor que (tú) les _____ una carta antes de llamarlos.

6. (pasar) Es necesario que (yo) _____ por la casa de Mario por la mañana.

2 **El verbo correcto** Complete the sentences with the present subjunctive of the verbs provided.

ver	traducir	venir	sacar	conducir
poner	hacer	ofrecer	traer	almorzar

1. Es necesario que (yo) _____ a casa temprano para ayudar a mi mamá.

2. Es bueno que (la universidad) _____ muchos cursos por semestre.

3. Es malo que (ellos) _____ justo antes de ir a nadar a la piscina.

4. Es urgente que (Lara) _____ estos documentos legales.

5. Es mejor que (tú) _____ más lento para evitar (*avoid*) accidentes.

6. Es importante que (ella) no _____ la pintura en la mesa.

7. Es bueno que (tú) _____ las fotos para verlas en la fiesta.

8. Es necesario que (él) _____ la casa antes de comprarla.

9. Es malo que (nosotros) no _____ la basura todas las noches.

10. Es importante que (ustedes) _____ los quehaceres domésticos.

3 **El subjuntivo en las oraciones** Rewrite these sentences using the present subjunctive of the verbs in parentheses.

1. Mi padre dice que es importante que yo (estar) contenta con mi trabajo.

_____

2. Rosario cree que es bueno que la gente (irse) de vacaciones más a menudo.

_____

3. Creo que es mejor que Elsa (ser) la encargada del proyecto.

_____

4. Es importante que les (dar) las gracias por el favor que te hicieron.

_____

5. Él piensa que es malo que muchos estudiantes no (saber) otras lenguas.

_____

6. El director dice que es necesario que (haber) una reunión de la facultad.

_____

4   **Es necesario**   Write sentences using the elements provided and the present subjunctive of the verbs.

> *modelo*
>
> malo / Roberto / no poder / irse de vacaciones
> Es malo que Roberto no pueda irse de vacaciones.

1. importante / Nora / pensar / las cosas antes de tomar la decisión

_____

2. necesario / (tú) / entender / la situación de esas personas

_____

3. bueno / Clara / sentirse / cómoda en el apartamento nuevo

_____

4. urgente / mi madre / mostrar / los papeles que llegaron

_____

5. mejor / David / dormir / antes de conducir la motocicleta

_____

6. malo / los niños / pedir / tantos regalos a sus abuelos

_____

_____

5   **Sí, es bueno**   Answer the questions using the words in parentheses and the present subjunctive.

> *modelo*
>
> ¿Tiene Marcia que terminar ese trabajo hoy? (urgente)
> Sí, es urgente que Marcia termine ese trabajo hoy.

1. ¿Debemos traer el pasaporte al aeropuerto? (necesario)

_____

2. ¿Tienes que hablar con la dueña del apartamento? (urgente)

_____

3. ¿Debe Manuel ir a visitar a su abuela todas las semanas? (bueno)

_____

4. ¿Puede Ana llamar a Cristina para darle las gracias? (importante)

_____

5. ¿Va Clara a saber lo que le van a preguntar en el examen? (mejor)

_____

12.3 Subjunctive with verbs of will and influence

1 **Preferencias** Complete the sentences with the present subjuntive of the verbs in parentheses.

1. Rosa quiere que tú (escoger) _____ el sofá para la sala.

2. La mamá de Susana prefiere que ella (estudiar) _____ medicina.

3. Miranda insiste en que Luisa (ser) _____ la candidata a vicepresidenta.

4. Rita y yo deseamos que nuestros padres (viajar) _____ a Panamá.

5. A Eduardo no le importa que nosotros (salir) _____ esta noche.

6. La agente de viajes nos recomienda que (quedarnos) _____ en ese hotel.

2 **Compra una casa** Read the following suggestions for buying a house. Then write a note to a friend, repeating the advice and using the present subjunctive of the verbs.

Cuando se compra una casa, es importante mirar varios factores:
- Se aconseja tener un agente inmobiliario (*real estate*).
- Se sugiere buscar una casa en un barrio seguro (*safe*).
- Se recomienda escoger un barrio con escuelas buenas.
- Se insiste en mirar los baños, la cocina y el sótano.
- Se ruega comparar precios de varias casas antes de decidir.
- Se aconseja hablar con los vecinos del barrio.

Te aconsejo que tengas un agente inmobiliario. _____

_____

_____

_____

_____

_____

_____

3 **Los pronombres** Write sentences using the elements provided and the present subjunctive. Replace the indirect objects with indirect object pronouns.

> **modelo**
> (a ti) / Simón / sugerir / terminar la tarea luego
> **Simón te sugiere que termines la tarea luego.**

1. (a Daniela) / José / rogar / escribir esa carta de recomendación

_____

2. (a ustedes) / (yo) / aconsejar / vivir en las afueras de la ciudad

_____

3. (a ellos) / la directora / prohibir / estacionar su carro frente a la escuela

_____

4. (a mí) / (tú) / sugerir / alquilar un apartamento en el barrio

_____

Workbook

4 **¿Subjuntivo o infinitivo?** Write sentences using the elements provided. Use the subjunctive of the verbs when required.

1. Marina / querer / yo / traer / la compra a casa

_____

2. Sonia y yo / preferir / buscar / la información en Internet

_____

3. el profesor / desear / nosotros / usar / el diccionario

_____

4. ustedes / necesitar / escribir / una carta al consulado

_____

5. (yo) / preferir / Manuel / ir / al apartamento por mí

_____

6. Ramón / insistir en / buscar / las alfombras de la casa

_____

5 **Síntesis** Select a task that you know how to do well. Use formal commands to write instructions for carrying out the task. Then add hints that will help the person following the instructions. Use the phrases **Es bueno, Es mejor, Es importante, Es necesario,** and **Es malo** to tell how to best perform the task. Then use the verbs **aconsejar, pedir, necesitar, prohibir, recomendar, rogar,** and **sugerir** to rewrite the instructions for a friend, asking him or her to perform the task for you.

_____

_____

_____

_____

_____

_____

_____

_____

_____

_____

_____

_____

Workbook

¡VIVAN LOS PAÍSES HISPANOS!

América Central I

1 **El mapa** Identify in the map the names of the principal cities, rivers, lakes, and mountains of Guatemala, Honduras, and El Salvador.

2 **Sopa de letras** Find terms about Guatemala, Honduras, or El Salvador in the grid. Circle them in the puzzle, and write the words to complete these sentences.

1. Moneda de Honduras: _____.

2. Una ciudad principal de El Salvador es

   _____.

3. Ropa tradicional de los guatemaltecos:

   _____.

4. Antigua Guatemala es famosa por su

   _____ colonial hermosa.

5. La capital de Honduras es _____.

6. En el Parque Nacional Montecristo hay muchas

   especies de plantas como las orquídeas

   y los _____.

E	R	G	F	I	O	W	T
S	B	H	K	L	A	D	E
L	O	L	E	N	R	Q	G
F	C	X	Z	B	Q	A	U
T	L	B	V	A	U	D	C
E	H	U	I	P	I	L	I
G	O	B	N	O	T	P	G
U	N	J	K	P	E	Q	A
C	G	D	L	A	C	W	L
I	O	K	L	R	T	X	P
L	S	E	H	T	U	F	A
L	E	M	P	I	R	A	A
R	A	P	O	N	A	M	R

3 **Palabras cruzadas** (*crossed*) Write a description of each of the words that are formed horizontally. Then, write a sentence describing the word that is formed vertically in bold.

1. _____

2. _____

3. _____

4. _____

5. _____

6. _____

7. _____

8. _____

9. _____

10. _____

11. _____

_____ .

¹M o n t e c r i s t o
²c a l e n d a r i o
³q u e t z a l
⁴m a y a s
⁵t e r r e m o t o
⁶g u a t e m a l t e c o s
⁷H o n d u r a s
⁸h u m e d a d
⁹S e m a n a ▮ S a n t a
¹⁰E l ▮ P r o g r e s o
¹¹c o l ó n

4 **Las fotos** Label the photos. Specify the location.

1. _____   2. _____   3. _____

REPASO **Lecciones 9–12**

Workbook

1 Por o para Fill in the blanks with **por** or **para** as appropriate. Then choose the letter from the box that best applies.

Diego estudia _____(1)_____ ser mecánico de carros. Él trabaja _____(2)_____ un taller mecánico en su barrio. Esta mañana, él fue _____(3)_____ herramientas nuevas a la tienda. Diego caminó _____(4)_____ el centro de la ciudad durante dos horas. Ayer, Diego y su cliente hablaron _____(5)_____ teléfono _____(6)_____ hacer una cita. El cliente quiere su camioneta arreglada _____(7)_____ mañana, y Diego no sabe si tiene suficiente tiempo. Tal vez, un trabajo como éste es demasiado _____(8)_____ un joven con poca experiencia. El problema es que el cliente ya pagó _____(9)_____ el trabajo. Diego cree que va a tener que trabajar _____(10)_____ la noche si quiere terminar el trabajo.

a. means	d. employ (works for)	g. deadline	j. purpose (used for)
b. purpose (goal)	e. object (in search of)	h. general location	
c. duration	f. exchange	i. comparison	

2 ¿Pretérito o imperfecto? Complete the sentences with the preterite or imperfect of the verbs in parentheses as appropriate.

1. Todos los años Mariana (viajar) _____ a San Francisco en carro con sus padres.

2. El año pasado, ella (enfermarse) _____ durante el viaje.

3. Sus padres no (saber) _____ qué hacer. Entonces se detuvieron en un hospital público para ver qué enfermedad (tener) _____ ella.

4. Ese día, el doctor (estar) _____ almorzando mientras ellos (llegar) _____ a la sala de emergencias.

5. "Es apenas un resfriado", (decir) _____ el médico cuando la enfermera (traer) _____ medicina para Mariana.

3 Hágalo ahora Write sentences using the words provided. Use formal commands and the subjects indicated.

1. (ustedes) / ayudarlos a traer las compras _____

2. (usted) / poner la mesa _____

3. (ustedes) / sacudir las mantas _____

4. (usted) / limpiar la cocina y el baño _____

5. (ustedes) / barrer la sala _____

6. (usted) / no ensuciar los sillones _____

Nombre _____   Fecha _____

Workbook

4 **El subjuntivo** Rewrite the sentences using the words in parentheses. Use the subjunctive of the verbs.

modelo

Ellos tienen muchos problemas. (ser malo)
Es malo que ellos tengan muchos problemas.

1. Toma la medicina para sus alergias. (ser necesario / María) _____

_____

2. Las mujeres ven al doctor todos los años. (ser importante) _____

_____

3. Los pacientes hacen ejercicio. (la enfermera / sugerir) _____

_____

4. El paciente entra al consultorio. (el doctor / esperar) _____

_____

5 **¿Qué o cuál?** Complete these sentences with **qué**, **cuál**, or **cuáles**.

1. ¿_____ es tu celebración favorita?

2. ¿_____ le vas a regalar a Patricia para su cumpleaños?

3. Para la fiesta de año nuevo, ¿_____ vestido debo llevar: el blanco o el rojo?

4. Mañana hay dos fiestas. ¿A _____ vas a ir?

5. ¿_____ sorpresa le tienen preparada a Martín para su graduación?

6. ¿_____ tipo de pastel tuvieron en la boda?

7. ¿_____ son nuestros asientos en la fiesta de fin de año?

8. ¿_____ quieres hacer para tu despedida de soltera (*bachelorette party*)?

6 **La mujer de ayer y de hoy** Describe what women's lives were like in the early 1800s and what they are like now. Mention the things that women used to do and the things they do now (you may want to use adverbs like **siempre, nunca,** and **a veces**). Then mention the things that men and women should do to ensure equality in the future (you may want to use phrases like **es importante que...** and **es necesario que...** .).

_____

_____

_____

_____

_____

130 **Lecciones 9–12** Workbook Activities

PREPARACIÓN

Lección 13

1 **La naturaleza** Complete the sentences with the appropriate nature-related words.

1. La luna, las estrellas, el sol y las nubes están en el _____.

2. El _____ es un lugar donde no llueve y hace mucho calor.

3. Una montaña que tiene un cráter es un _____.

4. La región llana (*flat*) que hay entre dos montañas es un _____.

5. La _____ es un bosque tropical, lo que significa que está cerca del ecuador.

6. Para ir de excursión por las montañas, es importante seguir un _____.

2 **Problema y solución** Match each problem with its solution. Then write a sentence with each pair, saying how we can solve the problem.

Problemas	Soluciones
1. la deforestación de los bosques	controlar las emisiones de los coches
2. la erosión de las montañas	plantar árboles y plantas
3. la falta (*lack*) de recursos naturales	reducir la contaminación del aire
4. la contaminación del aire en las ciudades	reciclar los envases y latas
5. la lluvia ácida	prohibir que se corten (*cut*) los árboles en algunas regiones

modelo

la extinción de plantas y animales / proteger las especies en peligro
Para resolver el problema de la extinción de plantas y animales, tenemos que proteger las especies en peligro.

1. _____

2. _____

3. _____

4. _____

5. _____

3 **Sinónimos y antónimos** Fill in the blanks with the correct verbs from the word bank.

contaminar	conservar	mejorar	evitar	reducir	dejar de

1. gastar ≠ _____   4. usar más ≠ _____

2. permitir ≠ _____   5. continuar ≠ _____

3. hacerse mejor = _____   6. limpiar ≠ _____

4 **Nuestra madre** Fill in the blanks with the correct terms. Then, read the word formed vertically to complete the final sentence.

1. El lugar donde vivimos es nuestro medio _____.
2. Un bosque tiene muchos tipos de _____.
3. Un volcán tiene un _____ en la parte de arriba.
4. Cuando el cielo está despejado, no hay ni una _____.
5. Las _____ son rocas (*rocks*) más pequeñas.
6. Un _____ es un animal que vuela (*flies*).
7. La _____ es el estudio de los animales y plantas en su medio ambiente.
8. Por la noche se ven las _____.
9. El salmón es un tipo de _____.
10. El satélite que se ve desde la Tierra es la _____.

Todas estas cosas forman parte de la _____.

5 **Carta al editor** Complete the letter to the editor with items from the word bank.

árboles	población	dejar de	contaminación
evitar	conservar	recurso natural	reducir
respiramos	resolver	deforestación	mejorar

Creo que la _____1_____ del aire en nuestra ciudad es un problema que se tiene que _____2_____ muy pronto. Cada día hay más carros que contaminan el aire que todos nosotros _____3_____. Además, la _____4_____ en las regiones cerca de la ciudad elimina una gran parte del oxígeno que los _____5_____ le proveían (*provided*) a la _____6_____ de la ciudad. Creo que es importante _____7_____ las condiciones de las calles para que las personas puedan montar en bicicleta para ir al trabajo. Así, todos pueden _____8_____ gasolina, porque el petróleo es un _____9_____ que no va a durar (*last*) para siempre. Creo que el uso de bicicletas en la ciudad es una de las mejores ideas para _____10_____ el uso de los carros. Debemos _____11_____ pensar que el carro es un objeto absolutamente necesario, y buscar otras maneras de transportarnos. Quizás algún día podamos _____12_____ los problemas que nos causa la contaminación.

GRAMÁTICA

13.1 The subjunctive with verbs of emotion

1 **Emociones** Complete the sentences with the subjunctive of the verbs in parentheses.

1. A mis padres les molesta que los vecinos (quitar) _____ los árboles.

2. Julio se alegra de que (haber) _____ muchos pájaros en el jardín de su casa.

3. Siento que Teresa y Lola (estar) _____ enfermas con la gripe.

4. Liliana tiene miedo de que sus padres (decidir) _____ mudarse a otra ciudad.

5. A ti te sorprende que la deforestación (ser) _____ un problema tan grande.

6. Rubén espera que el gobierno (mejorar) _____ las leyes que protegen la naturaleza.

2 **Es así** Combine each pair of sentences, using the subjunctive.

> **modelo**
> La lluvia ácida destruye los bosques. Es terrible.
> Es terrible que la lluvia ácida destruya los bosques.

1. Muchos ríos están contaminados. Es triste.

_____

2. Algunas personas evitan reciclar. Es ridículo.

_____

3. Los turistas no recogen la basura (*garbage*). Es una lástima.

_____

4. La gente destruye el medio ambiente. Es extraño.

_____

3 **Ojalá...** Form sentences, using the elements provided. Start the sentences with **Ojalá que**.

1. los países / conservar sus recursos naturales

_____

2. este sendero / llevarnos al cráter del volcán

_____

3. la población / querer cambiar las leyes de deforestación

_____

4. mi perro / gustarle ir de paseo por el bosque

_____

5. las personas / reducir el uso de los carros en las ciudades

_____

6. los científicos (*scientists*) / saber resolver el problema de la contaminación

_____

4 Lo que sea Change the subject of each second verb to the subject in parentheses. Then complete the new sentence with the new subject, using the subjunctive.

> **modelo**
> Pablo se alegra de ver a Ricardo. (su madre)
> *Pablo se alegra de que su madre vea a Ricardo.*

1. Me gusta salir los fines de semana. (mi hermana)

Me gusta que _____.

2. José y tú esperan salir bien en el examen. (yo)

José y tú esperan que _____.

3. Es ridículo contaminar el mundo en que vivimos. (la gente)

Es ridículo que _____.

4. Carla y Patricia temen separarse por el sendero. (sus amigos)

Carla y Patricia temen que _____.

5. Te molesta esperar mucho al ir de compras. (tu novio)

Te molesta que _____.

6. Es terrible usar más agua de la necesaria. (las personas)

Es terrible que _____.

7. Es triste no saber leer. (Roberto)

Es triste que _____.

8. Es una lástima encontrar animales abandonados. (los vecinos)

Es una lástima que _____.

5 Emociones Form sentences using the elements provided and the present subjunctive.

1. Rosa / alegrarse / sus amigos / reciclar los periódicos y los envases

_____

2. los turistas / sorprenderse / el país / proteger tanto los parques naturales

_____

3. (nosotros) / temer / los cazadores (*hunters*) / destruir animales en peligro de extinción

_____

4. la población / sentir / las playas de la ciudad / estar contaminadas

_____

5. las personas / esperar / el gobierno / desarrollar nuevos sistemas de energía

_____

6. a mi tía / gustar / mi primo / recoger y cuidar animales abandonados

_____

7. mis vecinos / tener miedo / el gobierno / poner un aeropuerto cerca

_____

13.2 The subjunctive with doubt, disbelief, and denial

1 **No es probable** Complete the sentences with the subjunctive of the verbs in parentheses.

1. No es verdad que Raúl (ser) _____ un mal excursionista.

2. Es probable que Tito y yo (ir) _____ a caminar en el bosque nacional.

3. Claudia no está segura de que Eduardo (saber) _____ dónde estamos.

4. No es seguro que el trabajo nos (llegar) _____ antes del viernes.

5. Es posible que Miguel y Antonio (venir) _____ a visitarnos hoy.

6. No es probable que esa compañía les (pagar) _____ bien a sus empleados.

2 **Es posible que pase** Rewrite the sentences, using the words in parentheses.

> **modelo**
> Hay mucha contaminación en las ciudades. (probable)
> Es probable que haya mucha contaminación en las ciudades.

1. Hay muchas vacas en los campos de la región. (probable)

_____

2. El agua de esos ríos está contaminada. (posible)

_____

3. Ese sendero nos lleva al lago. (quizás)

_____

4. El gobierno protege todos los peces del océano. (imposible)

_____

5. La población reduce el uso de los envases. (improbable)

_____

6. El desierto es un lugar mejor para visitar en invierno. (tal vez)

_____

_____

3 **¿Estás seguro?** Complete the sentences with the indicative or subjunctive form of the verbs in parentheses.

1. (ser) No dudo que Manuel _____ la mejor persona para hacer el trabajo.

2. (tener) El conductor no niega que _____ poca experiencia por estas calles.

3. (decir) Ricardo duda que Mirella _____ siempre toda la verdad.

4. (deber) Sé que es verdad que nosotros _____ cuidar el medio ambiente.

5. (poder) Lina no está segura de que sus amigos _____ venir a la fiesta.

6. (querer) Claudia y Julio niegan que tú _____ mudarte a otro barrio.

7. (buscar) No es probable que ella _____ un trabajo de secretaria.

4 **¿Es o no es?** Choose the correct phrase in parentheses to rewrite each sentence, based on the verb.

1. (Estoy seguro, No estoy seguro) de que a Mónica le gusten los perros.

_____

2. (Es verdad, No es verdad) que Ramón duerme muchas horas todos los días.

_____

3. Rita y Rosa (niegan, no niegan) que gasten mucho cuando van de compras.

_____

4. (No cabe duda de, Dudas) que el aire que respiramos está contaminado.

_____

5. (No es cierto, Es obvio) que a Martín y a Viviana les encanta viajar.

_____

6. (Es probable, No hay duda de) que tengamos que reciclar todos los envases.

_____

5 **Oraciones nuevas** Rewrite the sentences, using the words in parentheses. Use the indicative or subjunctive form as appropriate.

1. Las matemáticas son muy difíciles. (no es cierto)

_____

2. El problema de la contaminación es bastante complicado. (el presidente no niega)

_____

3. Él va a terminar el trabajo a tiempo. (Ana duda)

_____

4. Esa película es excelente. (mis amigos están seguros)

_____

5. El español se usa más y más cada día. (no cabe duda)

_____

6. Lourdes y yo podemos ir a ayudarte esta tarde. (no es seguro)

_____

7. Marcos escribe muy bien en francés. (el maestro no cree)

_____

8. Pedro y Virginia nunca comen carne. (no es verdad)

_____

13.3 The subjunctive with conjunctions

1 **Las conjunciones** Complete the sentences with the subjunctive form of the verbs in parentheses.

1. (terminar) Debemos cuidar los animales en peligro de extinción para que no se _____ .
2. (mejorar) Ellos van a reciclar las botellas con tal de que el medio ambiente se _____ .
3. (reciclar) No quiero usar productos de plástico a menos que tú los _____ .
4. (pedir) Alejandro siempre cuida la naturaleza sin que nadie se lo _____ .
5. (dejar) No podemos proteger los lagos a menos que la gente _____ de tirar basura en el agua.
6. (contaminar) Hay que proteger al medio ambiente antes de que se _____ más.
7. (aprender) Luis habla con sus hijos de la contaminación para que ellos _____ .
8. (desarrollar) ¿Qué podemos hacer en caso de no se _____ leyes para la conservación de los océanos?

2 **¿Subjuntivo o infinitivo?** Rewrite the sentences, choosing the correct verb form from those in parentheses.

1. Los López reciclan las latas de aluminio sin que les (dé, da, dar) mucho trabajo.

_____

2. En las fiestas usan platos de vidrio para (eviten, evitan, evitar) usar platos de plástico.

_____

3. Se les pidió a todas las personas del barrio que antes de que (reciclen, reciclan, reciclar) la basura, la separen.

_____

4. Nos pidieron que cuidemos los jardines cuando (visitemos, visitamos, visitar) el parque.

_____

5. Siempre limpiamos las calles tan pronto como (llegue, llega, llegar) el otoño.

_____

3 **¿Cuándo?** Choose the most logical response.

1. Voy a caminar por el bosque en cuanto _____ de la tienda.
   a. vuelva   b. vuelvo
2. Ayudan a detener la contaminación cuando _____ a sus amigos de este problema.
   a. hablen   b. hablan
3. Todos vamos de excursión para que _____ los ruidos del bosque.
   a. oigamos   b. oímos
4. Él siempre se para en el sendero tan pronto como _____ una planta exótica.
   a. encuentre   b. encuentra
5. Podremos (*we will be able to*) dejar de caminar hasta que ellos _____ el pájaro azul.
   a. observan   b. observen
6. Debemos hacer algo antes de que _____ los bosques.
   a. destruyen   b. destruyan

4 **Tan pronto como puedas** Indicate whether the action described is a command (C), a future action (F), a habitual action (H), or a past action (P). Then form sentences with the elements provided using the indicative and the subjunctive as appropriate.

1. _____ Recojan la basura (cuando / caminar / en la selva)

_____

2. _____ Por las noches, Isabel y Natalia leen sobre el bosque (hasta que / acostarse / a dormir)

_____

3. _____ Todos los viernes, Isabel junta (*collects*) los periódicos de su barrio (en cuanto / las clases / terminar)

_____

4. _____ Natalia quiere bañarse en el río (tan pronto como / llegar / al campo)

_____

5. _____ Vuelvan a casa (antes que / salir / el sol)

_____

6. _____ Las niñas nadaron en el río (cuando / ir / al bosque).

_____

7. _____ Los amigos de Isabel y Natalia se van a dormir en el campo (después de que / la caminata (*hike*) / terminar)

_____

8. _____ Ellas salieron del bosque (tan pronto como / ver / un oso)

_____

5 **En el bosque** Complete this conversation, using the subjunctive, the indicative, and the infinitive.

MARIO Hola, Lilia. ¿Quieres ir a caminar al bosque en cuanto (yo) _____ (salir) de mi clase?

LILIA Sí, ayer fui al bosque tan pronto como la clase _____ (terminar) y te estuve buscando, pero no te vi.

MARIO Ayer cuando la clase terminó, (yo) me _____ (encontrar) con un amigo en el bosque. Fuimos a caminar en el bosque para _____ (buscar) plantas en peligro de extinción.

LILIA Yo estuve caminando en el bosque hasta que _____ (ser) demasiado tarde.

MARIO Hoy quiero observar los insectos exóticos hasta que (tú) _____ (querer) ir a tu casa. Yo voy a caminar en el bosque con tal de que (tú) los _____ (ver) también.

LILIA Después de que (yo) los _____ (ver), me voy a mi casa.

MARIO En cuanto (tú) _____ (entrar) al bosque, los vas a ver allí, esperándote.

LILIA No lo voy a creer hasta que (yo) lo _____ (ver).

MARIO Cuando (yo) _____ (hablar) de insectos, siempre tengo razón.

LILIA Sí. ¡Pero recuerda tú que tan pronto como (tú) _____ (poner) un insecto cerca de mí, yo me voy a mi casa!

PREPARACIÓN

Lección 14

1 **El dinero** Complete the sentences with the correct banking-related words.

1. Necesito sacar dinero. Voy al _____.

2. Quiero ahorrar para comprar una casa. Pongo el dinero en una _____.

3. Voy a pagar, pero no quiero pagar al contado ni con tarjeta de crédito. Voy a usar un _____.

4. Cuando uso un cheque, el dinero sale de mi _____.

5. Para cobrar un cheque a mi nombre, lo tengo que _____ por detrás.

6. Para ahorrar, pienso _____ $200 en mi cuenta de ahorros todos los meses.

2 **¿Qué clase** (kind) **de tienda es ésta?** You are running errands, and you can't find the things you need. Fill in the blanks with the names of the places that should carry these items.

1. ¿No tienen manzanas? ¿Qué clase de _____ es ésta?

2. ¿No tienen una chuleta de cerdo? ¿Qué clase de _____ es ésta?

3. ¿No tienen detergente? ¿Qué clase de _____ es ésta?

4. ¿No tienen dinero? ¿Qué clase de _____ es éste?

5. ¿No tienen diamantes (diamonds)? ¿Qué clase de _____ es ésta?

6. ¿No tienen estampillas? ¿Qué clase de _____ es éste?

7. ¿No tienen botas? ¿Qué clase de _____ es ésta?

8. ¿No tienen aceite vegetal? ¿Qué clase de _____ es éste?

3 **¿Cómo pagas?** Fill in the blank with the most likely form of payment for each item.

gratis	a plazos
al contado	con un préstamo

1. un refrigerador _____

2. una camisa _____

3. un coche nuevo _____

4. las servilletas en un restaurante _____

5. una computadora _____

6. un vaso de agua _____

7. una hamburguesa _____

8. una cámara digital _____

9. la universidad _____

10. unos sellos _____

4 Tu empresa Fill in the blanks with the type of store each slogan would promote.

1. Compre aquí para toda la semana y ahorre

   en alimentos para toda la familia.

   _____

2. Deliciosos filetes de salmón en oferta

   especial _____

3. Recién (*Just*) salido del horno

   _____

4. Naranjas y manzanas a dos dólares el kilo

   _____

5. Tráiganos su ropa más fina. ¡Va a quedar

   como nueva! _____

6. 51 sabrosas variedades para el calor del

   verano _____

7. ¡Reserva el pastel de cumpleaños de tu hijo

   hoy! _____

8. Un diamante es para siempre.

   _____

9. Salchichas, jamón y chuletas de cerdo

   _____

10. Arréglese las uñas y péinese hoy por un

    precio económico.

    _____

5 Seguir direcciones Identify the final destination for each set of directions.

1. De la Plaza Sucre, camine derecho en dirección
oeste por la calle Comercio. Doble a la derecha
en la calle La Paz hasta la calle Escalona. Doble
a la izquierda y al final de la calle va a verlo.

_____

2. Del banco, camine en dirección este por la
calle Escalona. Cuando llegue a la calle Sucre,
doble a la derecha. Siga por dos cuadras hasta la
calle Comercio. Doble a la izquierda. El lugar
queda al cruzar la calle Buena Vista.

_____

3. Del estacionamiento de la calle Buena Vista,
camine derecho por la calle Santa Rosalía hasta
la calle Bolívar. Cruce la calle Bolívar, y a la
derecha en esa cuadra la va a encontrar.

_____

4. De la joyería, camine por la calle Bolívar y
cruce la calle Santa Rosalía, la calle Escalona, y
la calle 2 de Mayo. A la izquierda, en esa
esquina, la va a ver.

_____

El Hatillo

🏰 Plaza Bolívar	✚ Farmacia	🔘 Joyería
🏛 Plaza Sucre	⛪ Iglesia	👞 Zapatería
$ Banco	🚈 Terminal	🏠 Café Primavera
🎭 Casa de la Cultura	🏫 Escuela	E Estacionamiento (*parking lot*)

Workbook

Nombre _____   Fecha _____

Workbook

GRAMÁTICA

14.1 The subjunctive in adjective clauses

1 El futuro de las computadoras Complete the paragraph with the subjunctive of the verbs in parentheses.

¿Alguna vez ha pensado en un programa de computadora que (escribir) _____ 1

las palabras que usted le (decir) _____ 2 ? En nuestra compañía queremos

desarrollar un programa que (poder) _____ 3 reconocer la voz (*voice*) de las

personas en varias lenguas. Así, todos van a poder escribir con la computadora ¡sin tocar el teclado!

Para desarrollar un programa de reconocimiento (*recognition*) del habla, primero hay que enseñarle

algunas palabras que se (decir) _____ 4 con mucha frecuencia en esa lengua.

Luego el programa tiene que "aprender" a reconocer cualquier (*any*) tipo de pronunciación que

(tener) _____ 5 las personas que (usar) _____ 6 el programa.

En el futuro, va a ser normal tener una computadora que (reconocer) _____ 7 el

habla de su usuario. Es posible que hasta (*even*) algunos aparatos domésticos (funcionar)

_____ 8 con la voz de su dueño.

2 ¿Esté o está? Complete the sentences with the indicative or the subjunctive of the verbs in parentheses.

(ser)

1. Quiero comprar una falda que _____ larga y elegante.

2. A Sonia le gusta la falda que _____ verde y negra.

(haber)

3. Nunca estuvieron en el hotel que _____ en el aeropuerto.

4. No conocemos ningún hotel que _____ cerca de su casa.

(quedar)

5. Hay un banco en el edificio que _____ en la esquina.

6. Deben poner un banco en un edificio que _____ más cerca.

(tener)

7. Silvia quiere un apartamento que _____ balcón y piscina.

8. Ayer ellos vieron un apartamento que _____ tres baños.

(ir)

9. Hay muchas personas que _____ a Venezuela de vacaciones.

10. Raúl no conoce a nadie que _____ a Venezuela este verano.

Lección 14 Workbook Activities

3 **No es cierto** Rewrite the sentences to make them negative, using the subjunctive where appropriate.

1. Ricardo conoce a un chico que estudia medicina.

_____

2. Laura y Diego cuidan a un perro que protege su casa.

_____

3. Maribel y Lina tienen un pariente que escribe poemas.

_____

4. Los González usan coches que son baratos.

_____

5. Mi prima trabaja con unas personas que conocen a su padre.

_____

6. Gregorio hace un plato venezolano que es delicioso.

_____

4 **¿Hay alguno que sea así?** Answer these questions positively or negatively, as indicated. Use the subjunctive where appropriate.

1. ¿Hay algún buzón que esté en la calle Bolívar?

Sí, _____.

2. ¿Conoces a alguien que sea abogado de inmigración?

No, _____.

3. ¿Ves a alguien aquí que estudie contigo en la universidad?

Sí, _____.

4. ¿Hay alguna panadería que venda pan caliente (*hot*) cerca de aquí?

No, _____.

5. ¿Tienes alguna compañera que vaya a ese gimnasio?

Sí, _____.

6. ¿Sabes de alguien en la oficina que haga envíos a otros países?

No, _____.

5 **Une las frases** Complete the sentences with the most logical endings from the word bank. Use the indicative or subjunctive forms of the infinitive verbs as appropriate.

siempre decirnos la verdad	abrir hasta las doce de la noche	no dar direcciones
tener muchos museos	ser cómoda y barata	quererlo mucho

1. Rolando tiene una novia que _____.

2. Todos buscamos amigos que _____.

3. Irene y José viven en una ciudad que _____.

4. ¿Hay una farmacia que _____?

14.2 Familiar (tú) commands

1 **Haz papel** Read the instructions for making recycled paper from newspaper. Then use familiar commands to finish the e-mail in which Paco explains the process to Marisol.

hacer un molde con madera y tela (*fabric*)	empezar a poner la pulpa en un molde que deje (*lets*) salir el agua
romper papel de periódico en trozos (*pieces*) pequeños	quitar el molde y dejar (*leave*) el papel sobre la mesa
poner el papel en un envase con agua caliente	poner una tela encima del papel
preparar la pulpa con una licuadora (*blender*)	planchar el papel
volver a poner la pulpa en agua caliente	usar el papel

```
┌─────────┬──────────┬────────────────────────────────────┐
│ A Marisol │ De Paco │ Asunto Cómo reciclar papel         │
├─────────┴──────────┴────────────────────────────────────┤
│                                                          │
│  Para reciclar papel de periódico, _____  │
│  _____ │
│  _____ │
│  _____ │
│  _____ │
│  _____ │
│  _____ │
│                                                          │
│  ¡Ya sabes cómo reciclar!                                │
│  Hasta luego, Paco                                       │
└──────────────────────────────────────────────────────────┘
```

2 **Díselo** Follow the instructions by writing familiar commands.

> **modelo**
> Pídele a Ramón que te compre una camiseta en Costa Rica.
> Ramón, *cómprame una camiseta en Costa Rica.*

1. Dile a David que se quede unos días en San José.

_____

2. Sugiérele a Laura que no salga muy tarde.

_____

3. Aconséjale a Patricia que pruebe la comida típica de Costa Rica.

_____

4. Dile a Isabel que no olvide comer un helado en el parque del centro.

_____

5. Pídele a Cecilia que tenga cuidado al cruzar las calles.

_____

6. Ruégale a Simón que aprenda a bailar en Costa Rica.

_____

3 **Planes para el verano** Rewrite this paragraph from a travel website. Substitute informal commands for the formal commands.

Este verano, descubra la ciudad de Panamá. Camine por las calles y observe la arquitectura de la ciudad. La catedral es un edificio que no puede dejar de visitar. Visite las ruinas en Panamá Viejo y compre una artesanía (*craft*) del país. Vaya a un restaurante de comida panameña y no se olvide de probar un plato popular. Conozca el malecón (*seafront*) y respire el aire puro del mar. Explore el Canal de Panamá y aprenda cómo funciona. Súbase a un autobús colorido y vea cómo vive la gente local. ¡Disfrute Panamá!

Verano en la ciudad de Panamá

_____

_____

_____

_____

_____

_____

_____

_____

4 **¿Te ayudo?** Imagine that you are a child asking one of your parents these questions. Write his or her positive or negative answers in the form of familiar commands.

> **modelo**
> ¿Necesitas que traiga leche y pan?
> Sí, trae leche y pan. / No, no traigas leche y pan.

1. ¿Quieres que pida una pizza en el restaurante?

_____

2. ¿Deseas que vaya a la panadería a comprar pan?

_____

3. ¿Prefieres que yo haga las diligencias?

_____

4. ¿Necesitas que busque a mi hermano después de la escuela?

_____

5. ¿Quieres que venga a casa después de clase el viernes?

_____

6. ¿Prefieres que cuide al perro este fin de semana?

_____

14.3 Nosotros/as commands

1 **Hagamos eso** Rewrite these sentences, using the **nosotros/as** command forms of the verbs in italics.

> **modelo**
>
> Tenemos que *terminar* el trabajo antes de las cinco.
> **Terminemos el trabajo antes de las cinco.**

1. Hay que *recoger* a los niños hoy.

_____

2. Tenemos que *ir* al dentista esta semana.

_____

3. Debemos *depositar* el dinero en el banco.

_____

4. Podemos *viajar* a Perú este invierno.

_____

5. Queremos *salir* a bailar este sábado.

_____

6. Deseamos *invitar* a los amigos de Ana.

_____

2 **¡Sí! ¡No!** You and your roommate disagree about everything. Write affirmative and negative **nosotros/as** commands for these actions.

> **modelo**
>
> abrir las ventanas
> **tú: Abramos las ventanas.**
> **tu compañero/a: No abramos las ventanas.**

1. pasar la aspiradora hoy

tú: _____

tu compañero/a: _____

2. poner la televisión

tú: _____

tu compañero/a: _____

3. compartir la comida

tú: _____

tu compañero/a: _____

4. hacer las camas todos los días

tú: _____

tu compañero/a: _____

Workbook

3   **Como Lina**   Everyone likes Lina and they want to be like her. Using **nosotros/as** commands, write sentences saying what you and your friends should do to follow her lead.

1. Lina compra zapatos italianos en el centro.

_____

2. Lina conoce la historia del jazz.

_____

3. Lina se va de vacaciones a las montañas.

_____

4. Lina se corta el pelo en la peluquería de la calle Central.

_____

5. Lina hace pasteles para los cumpleaños de sus amigas.

_____

6. Lina no sale de fiesta todas las noches.

_____

7. Lina corre al lado del río todas las mañanas.

_____

8. Lina no gasta demasiado dinero en la ropa.

_____

4   **El préstamo**   Claudia is thinking of everything that she and her fiancé, Ramón, should do to buy an apartment. Write what she will tell Ramón, using **nosotros/as** commands for verbs in the infinitive. The first sentence is done for you.

Podemos pedir un préstamo para comprar un apartamento. Debemos llenar este formulario cuando solicitemos el préstamo. Tenemos que ahorrar dinero todos los meses hasta que paguemos el préstamo. No debemos cobrar los cheques que nos lleguen; debemos depositarlos en la cuenta corriente. Podemos depositar el dinero que nos regalen cuando nos casemos. Le debemos pedir prestado a mi padre un libro sobre cómo comprar una vivienda. Queremos buscar un apartamento que esté cerca de nuestros trabajos. No debemos ir al trabajo mañana por la mañana; debemos ir al banco a hablar con un empleado.

Pidamos un préstamo para comprar un apartamento. _____

_____

_____

_____

_____

_____

Nombre _____ Fecha _____

América Central II

1 **El mapa** Write three features of each country in the blanks provided.

1. Nicaragua
_____
_____
_____

2. Costa Rica
_____
_____
_____

3. Panamá
_____
_____
_____

2 **Palabras desordenadas** Unscramble the words about places in Nicaragua, Costa Rica, or Panamá, using the clues.

1. STARPNANEU _____
(ciudad de Costa Rica)

2. VNEARTE _____
(río en Costa Rica que está cerca de San José)

3. EATAPARZ _____
(una de las islas de Nicaragua)

4. IASARTBÁA _____
(serranía en Panamá)

5. ARANADG _____
(ciudad de Nicaragua)

6. ONLCAITÁT _____
(uno de los océanos que conecta el Canal de Panamá)

7. AGAMUNA _____
(capital de Nicaragua)

8. AUSCTNEAGA _____
(cordillera que está en Costa Rica)

3 **Las fotos** Write a complete sentence about each photo. Indentify each person and their country of origin.

1. _____
_____

2. _____
_____

3. _____
_____

4 **Palabras cruzadas** (*crossed*) Complete this crossword puzzle based on the clues provided.

Horizontales

1. En 1948 en Costa Rica se disolvió el _____.

2. Costa Rica es una nación _____.

3. _____ es un país con un área de 129.494 km².

4. Arias hizo un _____ para establecer la paz en Centroamérica.

5. El _____ de Panamá se construyó en 1903.

6. Ernesto Cardenal es poeta, _____ y sacerdote católico.

7. La capital de Nicaragua es _____.

8. Ernesto Cardenal cree en el poder de la _____.

Verticales

1. Las _____ tradicionales tienen dibujos geométricos.

2. Los cunas viven en las islas _____ de Panamá.

3. Arias ganó el Premio _____ de la Paz en 1987.

4. Oscar _____ fue presidente de su país (1986–1990).

5. Nicaragua, Costa Rica y Panamá están en _____

6. La moneda de Panamá es el _____.

7. La isla de _____ es de Panamá.

8. _____ es una ciudad de Costa Rica.

5 **El Canal de Panamá** Write why you think the *Canal de Panamá* is important.

El Canal de Panamá es importante porque... _____

_____

_____

_____

PREPARACIÓN

Lección 15

1 **Lo opuesto** Fill in the blanks with the terms that mean the opposite of the descriptions.

1. sedentario _____   5. comer en exceso _____

2. con cafeína _____   6. con estrés _____

3. fuerte _____   7. con _____

4. adelgazar _____   8. fuera (*out*) de forma _____

2 **Vida sana** Complete the sentences with the correct terms.

1. Antes de correr, es importante hacer ejercicios de _____ para calentarse.

2. Para dormir bien las noches, es importante tomar bebidas _____ .

3. Para desarrollar músculos fuertes, es necesario _____ .

4. Una persona que es muy sedentaria y ve mucha televisión es un _____ .

5. _____ es bueno porque reduce la temperatura del cuerpo.

6. Para aliviar el estrés, es bueno hacer las cosas tranquilamente y sin _____ .

7. Cuando tienes los músculos tensos, lo mejor es que te den un _____ .

8. Las personas que dependen de las drogas son _____ .

3 **¿Qué hacen?** Look at the drawings. Complete the sentences with the correct forms of the verbs from the word bank.

> (no) llevar una vida sana   (no) consumir bebidas alcohólicas
> (no) apurarse   (no) hacer ejercicios de estiramiento

1. Isabel debió _____ .   2. Mi prima prefiere _____ .

3. A Roberto no le gusta _____ .   4. Adriana está tarde y tiene que _____ .

4 **¿Negativo o positivo?** Categorize the terms in the word bank according to whether they are good or bad for one's health.

dieta equilibrada	ser un teleadicto	entrenarse	llevar vida sana
fumar	sufrir muchas	comer en exceso	consumir mucho
hacer gimnasia	presiones	ser un drogadicto	alcohol
tomar vitaminas	colesterol	comer comida	buena nutrición
llevar vida sedentaria	hacer ejercicios	sin grasa	levantar pesas
	de estiramiento		

Positivo para la salud   **Negativo para la salud**

_____   _____

_____   _____

_____   _____

_____   _____

_____   _____

_____   _____

_____   _____

5 **El/La monitor(a)** You are a personal trainer, and your clients' goals are listed below. Give each one a different piece of advice, using familiar commands and expressions from **Preparación**.

1. "Quiero adelgazar". _____

2. "Quiero tener músculos bien definidos". _____

3. "Quiero quemar grasa". _____

4. "Quiero respirar sin problemas". _____

5. "Quiero correr una maratón". _____

6. "Quiero engordar un poco". _____

6 **Los alimentos** Write whether these food categories are rich in **vitaminas, minerales, proteínas,** or **grasas.**

1. carnes _____   5. huevos _____

2. agua mineral _____   6. aceite _____

3. mantequilla _____   7. vegetales _____

4. frutas _____   8. cereales enriquecidos (*fortified*) _____

GRAMÁTICA

15.1 Past participles used as adjectives

1   **Completar**   Complete the sentences with the correct past participle forms of these verbs.

1. (prestar) Estoy haciendo ejercicio con una bicicleta _____.

2. (abrir) Dame la botella _____ de vitaminas.

3. (hacer) La comida está _____ con mucha grasa.

4. (escribir) Lee la tabla de nutrición _____ en los alimentos.

5. (poner) ¿Está la mesa de la merienda _____?

6. (ahorrar) Voy a pagar el gimnasio con el dinero que tengo _____.

7. (guardar) Porque estoy a dieta tengo muchos dulces _____.

8. (perder) Estoy muy contenta con mis kilos _____.

9. (preferir) Todos los días hago mis ejercicios _____.

10. (torcer) Me duele mucho mi músculo _____.

2   **Las consecuencias**   Complete the sentences with **estar** and the correct past participle.

> **modelo**
> La señora Gómez cerró la farmacia.
> La farmacia **está cerrada.**

1. Julia resolvió sus problemas de nutrición. Sus problemas _____.

2. Antonio preparó su bolsa del gimnasio. Su bolsa _____.

3. Le vendimos las vitaminas a José. Las vitaminas _____.

4. El doctor le prohibió comida con grasa. La comida con grasa _____.

5. El maestro habló para confirmar la clase de ejercicios. La clase de ejercicios _____.

6. Carlos y Luis se aburrieron de ir al gimnasio. Carlos y Luis _____.

3   **¿Cómo están?**   Label each drawing with a complete sentence, using the nouns provided with **estar** and the past participle of the verbs.

1. pavo/ servir _____

2. cuarto/ desordenar _____

Workbook

3. cama/ hacer _____   4. niñas/ dormir _____

4   **El misterio**   Complete this paragraph with the correct past participle forms of the verbs in the word bank. Use each verb only once.

morir	escribir	resolver	sorprender	cubrir
abrir	poner	romper	hacer	desordenar

El detective llegó al hotel con el número de la habitación _____ en un papel.

1

Entró en la habitación. La cama estaba _____ y la puerta del baño estaba

2

_____. Vio a un hombre que parecía estar _____ porque

3   4

no movía ni un dedo. El hombre tenía la cara _____ con un periódico y no

5

tenía zapatos _____. El espejo estaba _____ y el baño

6   7

estaba _____. De repente, el hombre se levantó y salió corriendo sin sus

8

zapatos. El detective se quedó muy _____ y el misterio nunca fue

9

_____.

10

5   **Preguntas personales**   Write short paragraphs answering these two questions. Use past participles as often as possible.

1. ¿Estás preocupado/a por estar en buena forma?

_____

_____

_____

_____

2. ¿Estás interesado/a en comer una dieta equilibrada?

_____

_____

_____

_____

15.2 The present perfect

1 **¿Qué han hecho?** Complete each sentence with the present perfect of the verb in parentheses.

> **modelo**
>
> (hacer) Marcos y Felipe _____ sus tareas de economía.
> *Marcos y Felipe han hecho sus tareas de economía.*

1. (comer) Gloria y Samuel _____ comida francesa.

2. (ver) (Yo) _____ la última película de ese director.

3. (leer) Pablo y tú _____ novelas de García Márquez.

4. (tomar) Liliana _____ la clase de economía.

5. (ir) (Nosotros) _____ a esa discoteca antes.

6. (escribir) (Tú) _____ un mensaje electrónico al profesor.

2 **¿Qué han hecho esta tarde?** Write sentences that say what these people have done this afternoon. Use the present perfect.

1. Roberto y Marta

_____

2. Víctor

_____

3. (tú)

_____

4. Ricardo

_____

5. (yo)

_____

6. Claudia y yo

_____

Workbook

3 **Ha sido así** Rewrite the sentences, replacing the subject with the one in parentheses.

1. Hemos conocido a varios venezolanos este año. (tú)

   _____

2. Gilberto ha viajado por todos los Estados Unidos. (yo)

   _____

3. ¿Has ido al museo de arte de Boston? (ustedes)

   _____

4. Paula y Sonia han hecho trabajos muy buenos. (Virginia)

   _____

5. He asistido a tres conferencias de ese autor. (los estudiantes)

   _____

6. Mi hermano ha puesto la mesa todos los días. (mi madre y yo)

   _____

4 **Todavía no** Rewrite the sentences to say that these things have not yet been done. Use the present perfect.

> **modelo**
> Su prima no va al gimasio.
> Su prima todavía no ha ido al gimnasio.

1. Pedro y Natalia no nos dan las gracias.

   _____

2. Los estudiantes no contestan la pregunta.

   _____

3. Mi amigo Pablo no hace ejercicio.

   _____

4. Esas chicas no levantan pesas.

   _____

5. Tú no estás a dieta.

   _____

6. Rosa y yo no sufrimos muchas presiones.

   _____

15.3 The past perfect

1 **Vida nueva** Complete this paragraph with the past perfect forms of the verbs in parentheses.

Antes del accidente, mi vida (ser) _____ ₁ tranquila y sedentaria. Hasta ese momento, (yo) siempre (mirar) _____ ₂ mucho la televisión y (comer) _____ ₃ en exceso. Nada malo me (pasar) _____ ₄ nunca. El día en que pasó el accidente, mis amigos y yo nos (encontrar) _____ ₅ para ir a nadar en un río. (Nosotros) Nunca antes (ir) _____ ₆ a ese río. Cuando llegamos, entré de cabeza al río. (Yo) No (ver) _____ ₇ las rocas que estaban debajo del agua. Me di con las rocas en la cabeza. Mi hermana, que (ir) _____ ₈ con nosotros al río, me sacó del agua. Todos mis amigos se (quedar) _____ ₉ fuera del agua cuando vieron lo que me pasó. Entre todos me llevaron al hospital. En el hospital, los médicos me dijeron que yo (tener) _____ ₁₀ mucha suerte. (Yo) No me (lastimar) _____ ₁₁ la espalda demasiado, pero tuve que hacer terapia (*therapy*) física por muchos meses. (Yo) Nunca antes (preocuparse) _____ ₁₂ por estar en buena forma, ni por ser fuerte. Ahora hago gimnasia y soy una persona activa, flexible y fuerte.

2 **Nunca antes** Rewrite the sentences to say that these people had never done these things before.

> **modelo**
> Julián se compró un coche nuevo.
> Julián nunca antes se había comprado un coche nuevo.

1. Tu novia fue al gimnasio por la mañana.

_____

2. Carmen corrió en la maratón de la ciudad.

_____

3. Visité los países de Suramérica.

_____

4. Los estudiantes escribieron trabajos de veinte páginas.

_____

5. Armando y Cecilia esquiaron en los Andes.

_____

6. Luis y yo tenemos un perro en casa.

_____

7. Condujiste el coche de tu papá.

_____

8. Ramón y tú nos prepararon la cena.

_____

3 **Ya había pasado** Combine the sentences, using the preterite and the past perfect.

> **modelo**
>
> Elisa pone la televisión. Jorge ya se ha despertado.
> Cuando Elisa puso la televisión, Jorge ya se había despertado.

1. Lourdes llama a Carla. Carla ya ha salido.

_____

2. Tu hermano vuelve a casa. Ya has terminado de cenar.

_____

3. Llego a la escuela. La clase ya ha empezado.

_____

4. Ustedes nos buscan en casa. Ya hemos salido.

_____

5. Salimos a la calle. Ya ha empezado a nevar.

_____

6. Ellos van a las tiendas. Las tiendas ya han cerrado.

_____

7. Lilia y Juan encuentran las llaves. Raúl ya se ha ido.

_____

8. Preparas el almuerzo. Yo ya he comido.

_____

4 **Tiger Woods** Write a paragraph about the things that Tiger Woods had achieved by age 21. Use the phrases from the word bank with the past perfect. Start each sentence with **Ya.** The first one has been done for you.

hacerse famoso	establecer (*set*) muchos récords importantes
empezar a jugar como jugador de golf profesional	ser la primera persona de origen negro o
ganar millones de dólares	asiático en ganar un campeonato
ser el campeón (*champion*) más joven del	estudiar en la universidad de Stanford
Masters de golf	

Cuando tenía 21 años, Tiger Woods ya se había hecho famoso. _____

_____

_____

_____

_____

_____

PREPARACIÓN   Lección 16

1 El anuncio Answer the questions about this help-wanted ad, using complete sentences.

> **EMPRESA MULTINACIONAL BUSCA:**
> • Contador   • Gerente   • Secretario
> Salarios varían según la experiencia. Seguro
> (*Insurance*) de salud, plan de jubilación 401(k), dos
> semanas de vacaciones.
> Enviar currículum y carta de presentación por fax o
> por correo para concertar (*schedule*) una entrevista
> con el Sr. Martínez.

1. ¿Cuántos puestos hay?

_____

2. ¿Cuáles son los sueldos?

_____

3. ¿Qué beneficios ofrece la empresa?

_____

4. ¿Qué deben enviar los aspirantes?

_____

5. ¿Quién es el señor Martínez?

_____

6. ¿Se explica en el anuncio que hay que llenar (*fill out*) una solicitud?

_____

2 Vida profesional Complete the paragraph with items from the word bank.

aspirante	empresa	salario	currículum	renunciar	beneficios	entrevista
profesión	entrevistadora	anuncio	éxito	obtener	puesto	ascenso

Vi el _____1 en el periódico. Se necesitaban personas que hablaran español e

inglés para un _____2 de editora en una pequeña _____3

que se encontraba en el centro de la ciudad. Preparé mi _____4 con mucha

atención y lo envié por *fax*. Esa tarde me llamó la _____5, que se llamaba

señora Pineda. Me dijo que el _____6 que ofrecían no era demasiado alto, pero

que los _____7, como el seguro de salud y el plan de jubilación, eran excelentes.

Era una buena oportunidad para _____8 experiencia. Me pidió que fuera a la

oficina al día siguiente para hacerme una _____9. Había otro

_____10 en la sala de espera cuando llegué. Me puse un poco nerviosa. Ese día

decidí _____11 a mi trabajo anterior (*previous*) y desde entonces ejerzo (*I*

practice) la _____12 de editora. ¡He tenido mucho _____13!

3   **Una es diferente** Fill in the blanks with the words that don't belong in the groups.

1. ocupación, reunión, oficio, profesión, trabajo _____

2. pintor, psicólogo, maestro, consejero _____

3. arquitecta, diseñadora, pintora, bombera _____

4. invertir, currículum, corredor de bolsa, negocios _____

5. sueldo, beneficios, aumento, renunciar, ascenso _____

6. puesto, reunión, entrevista, videoconferencia _____

4   **Las ocupaciones** Fill in the blanks with the profession of the person who would make each statement.

1. "Decido dónde poner los elementos gráficos de las páginas de una revista".

_____

2. "Ayudo a las personas a resolver sus problemas. Hablan conmigo y buscamos soluciones".

_____

3. "Defiendo a mis clientes y les doy consejos legales".

_____

4. "Investigo las cosas que pasan y escribo artículos sobre los eventos".

_____

5. "Les doy clases a los niños en la escuela".

_____

6. "Hago experimentos y publico los resultados en una revista".

_____

5   **¿Quién lo usa?** Label each drawing with the profession associated with the object.

1. _____   2. _____

3. _____   4. _____

GRAMÁTICA

16.1 The future tense

1 **Preguntas** Answer the questions with the future tense and the words in parentheses.

> **modelo**
> ¿Qué vas a hacer hoy? (los quehaceres)
> Haré los quehaceres.

1. ¿Cuándo vamos a jugar al fútbol? (el jueves)

_____

2. ¿Cuántas personas va a haber en la clase? (treinta)

_____

3. ¿A qué hora vas a venir? (a las nueve)

_____

4. ¿Quién va a ser el jefe de Delia? (Esteban)

_____

5. ¿Dentro de cuánto va a salir Juan? (una hora)

_____

6. ¿Quiénes van a estar en la fiesta? (muchos amigos)

_____

2 **Yo también** Write sentences with the elements provided, using the future tense. Then ask what the people in parentheses will be doing. Answer that they will do the same thing.

> **modelo**
> ustedes / salir a un restaurante hoy (Pedro)
> Ustedes saldrán a un restaurante hoy. ¿Y Pedro?
> Pedro también saldrá a un restaurante hoy.

1. Rosa / ir todos los días al gimnasio (ustedes)

_____

2. (nosotros) / venir a la universidad el lunes (tú)

_____

3. Carlos y Eva / poner la televisión esta noche (Lina)

_____

4. (yo) / traer una botella de vino a la fiesta (Pablo)

_____

5. tu madre / preparar un pavo para la cena (nosotros)

_____

6. (tú) / hacer la tarea en la biblioteca (ellos)

_____

3 **Será así** Rewrite each sentence to express probability. Each new sentence should start with a verb in the future tense.

> **modelo**
> Creemos que se llega por esta calle.
> *Se llegará por esta calle.*

1. Es probable que sea la una de la tarde.

_____

2. Creo que ellas están en casa.

_____

3. Estamos casi seguros de que va a nevar hoy.

_____

4. ¿Crees que ella tiene clase ahora?

_____

5. Es probable que ellos vayan al cine luego.

_____

6. Creo que estamos enfermos.

_____

4 **¿Cuándo será?** Write sentences with the elements provided. Use the future tense in the main clause of each sentence.

> **modelo**
> Laura / limpiar / la casa / en cuanto / (ella) / tener tiempo
> *Laura limpiará la casa en cuanto tenga tiempo.*

1. Lilia / ir / a tu casa / tan pronto como / (tú) / llamarla

_____

2. (yo) / viajar a Europa / cuando / (yo) / tener dinero

_____

3. ustedes / comprar / un coche / en cuanto / el nuevo modelo / salir

_____

4. (tú) / poder usar la computadora / cuando / Claudia / irse

_____

5. Ricardo / poner la música / después de que / los invitados / llegar

_____

6. cuando / (tú) / venir a mi casa / (tú) / ver / las fotos

_____

7. (nosotros) / buscar trabajo / tan pronto como / (nosotros) / graduarnos

_____

8. en cuanto / Elsa / terminar el trabajo / su jefe / pagarle

_____

16.2 The conditional tense

1 **¿Lo haría?** Rosa is not happy with her current job. What would happen if she looked for a new job? Complete the sentences with the conditional forms of the verbs in parentheses.

1. (buscar) Rosa _____ trabajo en los anuncios del periódico, pero no

   (encontrar) _____ nada.

2. (preguntar) Entonces, ella _____ a un amigo.

3. (aconsejar) Él le _____ que busque oportunidades de trabajo en Internet.

4. (solicitar) Rosa _____ un puesto relacionado con su profesión.

5. (llevar) Ella _____ la solicitud de trabajo a la empresa.

6. (entrevistar) En la compañía, ella se _____ con el gerente.

7. (hablar) El gerente _____ del puesto.

8. (preguntar) Rosa _____ del salario y de los beneficios.

9. (estar) Alguno de los dos no _____ de acuerdo (*agree*).

10. (tener) Rosa _____ que buscar trabajo en otro lugar.

2 **La entrevista** You are talking to a friend about a possible job interview. Write a paragraph explaining what you would do if you were granted an interview.

buscar información sobre la empresa	tener el currículum
saber lo que hace la compañía	hablar sobre mi carrera
llenar la solicitud de trabajo	(no) reír muy fuerte
vestirse de forma profesional	decir mi salario ideal
(no) ponerse sombrero	hacer preguntas sobre los beneficios
llegar temprano a la entrevista	(no) comer nada en la reunión
saludar al / a la entrevistador(a)	finalmente, dar las gracias al / a la entrevistador(a)

_____

_____

_____

_____

_____

_____

_____

_____

3 **Los buenos modales** (*manners*) Rewrite these commands as polite requests, using the conditional.

> **modelo**
>
> Termina el trabajo hoy antes de irte.
> ¿Terminarías el trabajo hoy antes de irte, por favor?

1. Lleva mi currículum al entrevistador. _____

_____

2. Llama a Marcos esta tarde. _____

_____

3. Escucha la videoconferencia. _____

_____

4. Dame un aumento de sueldo. _____

_____

5. Ven a trabajar el sábado y el domingo. _____

_____

6. Búscame en la oficina a las seis. _____

_____

4 **¿Sería así?** Change the sentences into questions that ask what might have happened. Use the conditional tense.

> **modelo**
>
> Natalia recibió un aumento de sueldo. (tener éxito su proyecto)
> ¿Tendría éxito su proyecto?

1. Natalia se durmió en la videoconferencia de hoy. (salir a bailar anoche)

_____

2. El jefe de Natalia le habló. (despedir su jefe a Natalia)

_____

3. Natalia se fue a su casa. (renunciar Natalia a su puesto)

_____

4. Natalia obtuvo un aumento de sueldo. (estar loco su jefe)

_____

5 **Eso pensamos** Write sentences using the conditional of the verbs in parentheses.

> **modelo**
>
> Nosotros decidimos (ustedes / tener tiempo) para estar en la reunión.
> Nosotros decidimos que ustedes tendrían tiempo para estar en la reunión.

1. Yo pensaba (mi jefe / estar enojado) porque llegué tarde a la reunión.

_____

2. Beatriz dijo (en la reunión / presentar al nuevo empleado).

_____

3. Marta y Esther creían (en la reunión / hablar del aumento) en los sueldos de los empleados.

_____

4. Mi jefe dijo (el gerente / tener noticias buenas) del éxito de la compañía.

_____

16.3 The past subjunctive

1 **Si pudiera** Complete the sentences with the past subjunctive of the verbs in parentheses.

1. El arqueólogo se alegró de que todos (hacer) _____ tantas preguntas.

2. Mi madre siempre quiso que yo (estudiar) _____ arquitectura.

3. Te dije que cuando (ir) _____ a la entrevista, deberías llevar tu currículum.

4. Tal vez no fue una buena idea que nosotros le (escribir) _____ esa carta.

5. Era una lástima que su esposo (tener) _____ que trabajar tanto.

6. Luisa dudaba que ese empleo (ser) _____ su mejor alternativa.

7. Era probable que Francisco (llevarse) _____ mal con sus jefes.

8. Laura buscaba músicos que (saber) _____ tocar el saxofón.

9. Ustedes no estaban seguros de que el reportero (conocer) _____ al actor.

10. Fue extraño que Daniela y tú (entrevistarse) _____ para el mismo trabajo.

2 **Opiniones** Rewrite the sentences, replacing the words in italics with the words in parentheses. Change verbs and pronouns as needed.

> **modelo**
> Quizás fue mejor que *Aurelio* no participara. (nosotros)
> *Quizás fue mejor que no participáramos.*

1. Era ridículo que *tu jefe* te pagara tan poco dinero. (los gerentes)

_____

2. Lourdes esperaba que *yo* obtuviera un buen puesto. (sus hijos)

_____

3. Nosotros temíamos que *los electrodomésticos* se dañaran. (el carro)

_____

4. Queríamos que *los políticos* dijeran siempre la verdad. (tú)

_____

5. Le aconsejé que *ella* escribiera su currículum con mucha atención. (ellas)

_____

6. Marta sintió que *ustedes* tuvieran que esperarla. (nosotros)

_____

3 **Lo contrario** Complete the second sentences to say the opposite of the first ones.

> *modelo*
>
> Nadie dudaba que el candidato era muy bueno.
> *Nadie estaba seguro de que el candidato fuera muy bueno.*

1. Nadie dudaba de que el ascenso de Miguel fue justo (*fair*).

No estabas seguro de que _____.

2. Era obvio que todos los participantes sabían usar las computadoras.

No fue cierto que _____.

3. Raquel estaba segura de que las reuniones no servían para nada.

Pablo dudaba que _____.

4. Fue cierto que Rosa tuvo que ahorrar mucho dinero para invertirlo.

No fue verdad que _____.

5. No hubo duda de que la videoconferencia fue un desastre (*disaster*).

Tito negó que _____.

6. No negamos que los maestros recibieron salarios bajos.

La directora negó que _____.

4 **El trabajo** Complete the paragraph with the past subjunctive, the preterite, or the imperfect of the verbs in parentheses as appropriate.

MARISOL ¡Hola, Pepe! Me alegré de que (tú) (conseguir) _____₁ el trabajo de arquitecto.

PEPE Sí, aunque fue una lástima que (yo) (tener) _____₂ que renunciar a mi puesto anterior.

MARISOL No dudaba de que (ser) _____₃ una buena decisión cuando lo supe.

PEPE No estaba seguro de que este puesto (ser) _____₄ lo que quería, pero está muy bien.

MARISOL Estoy segura de que (tú) (hacer) _____₅ muy bien la entrevista.

PEPE Me puse un poco nervioso, sin que eso (afectar) _____₆ mis respuestas.

MARISOL Sé que ellos necesitaban a alguien que (tener) _____₇ tu experiencia.

PEPE Era cierto que ellos (necesitar) _____₈ a muchas personas para la oficina nueva.

¡VIVAN LOS PAÍSES HISPANOS!

España y Guinea Ecuatorial

1 **El mapa de España** Fill in the blanks with the name of the city or geographical feature.

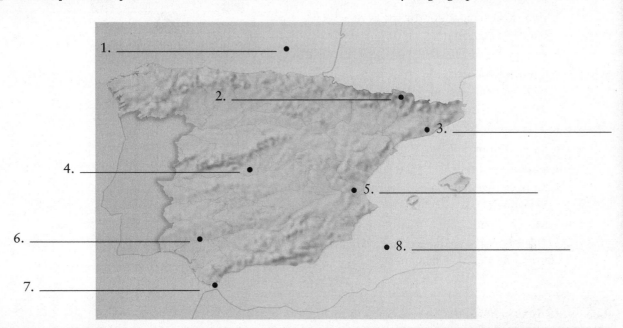

1. _____ •

2. _____ •

3. • _____

4. _____ •

5. • _____

6. _____

8. • _____

7. _____

2 **Lugares** Write the words to complete these sentences about Spanish places. Then circle them on the grid (horizontally, diagonally, and vertically).

1. En _____ está el país de España.

2. _____ tiene un área de 504.750 km^2.

3. _____, _____, _____ y

_____ son ciudades importantes de España.

4. En Valencia hay un pequeño pueblo llamado _____ .

5. En España se encuentran las islas _____ y _____ .

6. El Museo del Prado está en _____ .

A	M	T	K	I	P	M	Y	T	B	U	Ñ	O	L	O
D	B	A	L	E	A	R	E	S	U	R	A	Z	I	P
E	R	G	D	P	L	R	H	B	M	V	A	N	N	N
C	A	N	A	R	I	A	S	B	R	A	G	R	U	Y
U	Z	K	C	S	I	N	B	A	L	L	I	V	E	S
Y	S	A	D	A	O	D	C	L	P	E	I	E	S	A
T	L	X	P	Ñ	I	X	Z	E	S	N	P	U	P	E
A	Z	O	G	A	R	A	Z	A	D	C	C	R	A	L
X	T	A	Z	O	L	G	A	R	A	I	V	O	Ñ	A
E	R	B	A	R	C	E	L	O	N	A	K	P	A	B
P	Ñ	E	S	P	O	Ñ	O	L	K	Ñ	H	A	Z	D

Workbook

3 **Palabras cruzadas** (*crossed*) Write one letter in each blank. Then answer the final question, using the new word that is formed.

1. Tiene 30.418 de población.
2. Hay muchas cafeterías donde la gente pasa el tiempo.
3. Una de las ciudades principales de Guinea Ecuatorial
4. Uno de los idiomas oficiales de Guinea Ecuatorial
5. Baile con raíces (*roots*) judías (*Jewish*), árabes y africanas
6. Islas españolas del Mar Mediterráneo
7. La profesión de Goya y el Greco
8. Capital de España
9. La obra más famosa de Diego Velázquez
10. Museo español famoso

El festival de Buñol se llama: _____ .

4 **Las fotos** Label the object shown in each photo.

1. _____

3. _____

4. _____

2. _____

REPASO

1 **¿Subjuntivo o indicativo?** Write sentences, using the elements provided and either the subjunctive or the indicative, depending on the cues and context.

1. La madre / esperar / Jorge / conseguir un trabajo pronto

_____

2. (nosotros) / no negar / trabajar más de ocho horas diarias / ser duro

_____

3. ser imposible / Marisa y Rubén / ayudar con el nuevo proyecto

_____

4. ustedes / alegrarse / Natalia / regresar a nuestra oficina

_____

5. ser cierto / el jefe / ganar mucho dinero

_____

2 **¡Que sí! ¡Que no!** Your mother and father disagree on the things that you and the family should do. Write positive and negative commands for the subjects indicated.

1. comer en casa (nosotros)

_____

2. estudiar por las noches (tú)

_____

3. visitar a la abuela (nosotros)

_____

4. comprar un coche nuevo (tú)

_____

5. limpiar la casa (nosotros)

_____

3 **Las conjunciones** Use the subjunctive or the indicative of the verbs in parentheses.

1. Debes hacer gimnasia todas las semanas, a menos que (querer) _____ engordar.

2. Gabriela nunca hace ejercicios de estiramiento cuando (ir) _____ al gimnasio.

3. Siempre me ducho después de que (levantar) _____ pesas.

4. A Martín y a su novia les recomiendan estar a dieta para que (llevar) _____ una vida sana.

5. Con tal de que Susana (estar) _____ en forma, yo pagaría por sus clases de ejercicios aeróbicos.

6. Mi hermana aumenta de peso en cuanto (dejar) _____ de entrenar.

4 **Hemos dicho** Complete the dialogues with the present perfect or the past perfect as appropriate.

DARÍO Marcela, ¿ _____ (ir) al supermercado últimamente?
                                1

MARCELA No, las últimas dos semanas _____ (estar) muy ocupada y no _____
                                                2   3
(hacer) compras.

DARÍO ¡Nunca te _____ (ver) tan ocupada en tu vida!
                            4

JOSÉ Debo ir al banco. Hace tres días que tengo un cheque y no lo _____ (cobrar)
                                                                                              5
todavía.

MIGUEL Yo nunca cobro los cheques. Hasta hoy, siempre los _____ (depositar) en mi
                                                                                      6
cuenta de ahorros.

JOSÉ De todas maneras es un poco tarde y probablemente el banco _____ (cerrar)
                                                                                            7
sus puertas. Iré a cobrar el cheque mañana.

MAGDALENA ¡Estamos perdidas en la ciudad otra vez, Sonia! Yo nunca antes _____ (estar)
                                                                                              8
perdida en la ciudad.

SONIA Antes de venir aquí, yo _____ (preparar) un plan de viaje… ¡para no perderme!
                                      9

MAGDALENA Cuando salimos, mi tía ya me _____ (dar) unas direcciones escritas, pero las
                                                  10
olvidé en mi escritorio. ¡Qué mala suerte!

5 **Ecología** Complete the sentences with the conditional of the verbs in parentheses.

1. Me (gustar) _____ hacer algo para evitar la contaminación del agua.

2. Si conseguimos dinero, (nosotros) (poder) _____ comenzar por reciclar los periódicos.

3. La deforestación en exceso (tener) _____ consecuencias terribles en nuestra provincia.

4. A José le (interesar) _____ estar en un grupo de protección del medio ambiente, pero
primero (querer) _____ investigar un poco al respecto.

5. Mis hermanos dicen que (ir) _____ a otro país para aprender sobre la conservación de los
recursos naturales.

6 **El extranjero** Write a paragraph, keeping in mind the indicative and subjunctive tenses.
• Describe what you like and dislike about living in your town. What would you recommend to
someone new to your town?
• What would your childhood have been like if you had grown up in a Spanish-speaking country?
• Finally, mention where you will live in the future and why.

_____

_____

_____

_____

_____

_____

_____

ESCENAS

Lección 1

¡Todos a bordo!
Antes de ver el video

1 **¿Qué tal?** In this video segment, Álex, Javier, Maite, and Inés are meeting for the first time as they prepare to leave for a hiking trip. Look at the video still and write down what you think Álex and Javier are saying to each other.

_____

_____

_____

_____

_____

_____

_____

Mientras ves el video

2 **Completar** (00:02:18 – 00:04:54) Watch the **¡Todos a bordo!** segment of this video module and complete the gaps in the following sentences.

1. SRA. RAMOS: Hola, don Francisco. ¿Cómo _____ usted?

2. DON FRANCISCO: Bien, gracias. ¿Y _____?

3. SRA. RAMOS: ¿_____ hora es?

4. DON FRANCISCO: _____ las diez.

5. SRA. RAMOS: Tengo _____ documentos para ustedes.

6. DON FRANCISCO: Y _____ soy don Francisco, el conductor.

7. SRA. RAMOS: Aquí tienes _____ documentos de viaje.

8. INÉS: Sí, yo _____ Inés.

9. JAVIER: ¿Qué tal? Me _____ Javier.

10. ÁLEX: Mucho _____, Javier.

11. ÁLEX: _____ soy Álex.

12. INÉS: _____ permiso.

3 **¿De dónde son?** (00:04:55 – 00:05:49) Watch the **Resumen** segment of this video module and indicate which country each traveler is from.

Nombre	País (*country*)
1. Inés	_____
2. Maite	_____
3. Javier	_____
4. Álex	_____

Después de ver el video

4 **¿Quién?** Write the name of the person who said each thing.

1. Sí, señora. _____
2. Soy de Ecuador, de Portoviejo. _____
3. Oye, ¿qué hora es? _____
4. Oiga, ¿qué hora es? _____
5. ¡Adiós a todos! _____
6. Y tú eres Alejandro Morales Paredes, ¿no? _____
7. Son todos. _____
8. Mucho gusto, Javier. _____
9. De Puerto Rico. ¿Y tú? _____
10. ¿Javier Gómez Lozano? _____
11. Buenos días, chicos. _____
12. Aquí, soy yo. _____
13. ¡Todos a bordo! _____
14. ¿Y los otros? _____
15. ¡Buen viaje! _____

5 **Hola...** Imagine that you have just met the man or woman of your dreams, who speaks only Spanish! Don't be shy! In the space provided, write down what the two of you would say in your first conversation to get to know each other.

_____
_____
_____
_____
_____
_____

6 **Episodio dos** In the second episode of the video program, the four travelers talk about their classes. What kinds of things do you think they will say to each other?

_____
_____
_____
_____
_____
_____
_____

ESCENAS

Lección 2

¿Qué clases tomas?
Antes de ver el video

1 **Impresiones** Based on your impressions of the four travelers in Lesson 1, write the names of the classes you think each person is taking and of the classes you think each person is most interested in. Choose the character you think is the most studious, and the character you think is the most talkative.

ÁLEX	INÉS	JAVIER	MAITE
_____	_____	_____	_____
_____	_____	_____	_____
_____	_____	_____	_____

Mientras ves el video

2 **¿Quién y a quién?** (00:06:10 – 00:10:14) Watch the **¿Qué clases tomas?** segment of this video module and indicate who asks these questions and to whom each question is directed. One question is directed to two different people.

Preguntas	¿Quién?	¿A quién?
1. ¿Qué tal las clases en la UNAM?	_____	_____
2. ¿También tomas tú geografía?	_____	_____
3. ¿Cómo te llamas y de dónde eres?	_____	_____
4. ¿En qué clase hay más chicos?	_____	_____
5. ¿No te gustan las computadoras?	_____	_____

3 **En la UNAM** (00:07:21 – 00:07:47) Watch Álex's flashback about the **Universidad Nacional Autónoma de México**. Select all the people, actions, items, and places shown in this flashback.

chicas _____   hablar _____   grabadora _____

turistas _____   dibujar _____   papel _____

estudiantes _____   estudiar _____   computadoras _____

chicos _____   viajar _____   biblioteca _____

4 **Resumen** (00:10:15 – 00:11:49) Watch the **Resumen** segment of this video module and complete the following sentences.

1. Hay _____ personas en el grupo.

2. Hay _____ chicos en el grupo.

3. Hay _____ chicas en el grupo.

4. Inés toma inglés, historia, arte, sociología y _____.

5. Maite toma inglés, literatura y _____.

6. Los chicos son de la Universidad San Francisco de _____.

7. Javier toma _____ clases este semestre.

8. Javier toma historia y _____ los lunes, miércoles y viernes.

9. Javier toma _____ los martes y jueves.

10. Para Javier, ¡las _____ no son interesantes!

Después de ver el video

5 **Corregir** The underlined elements in the following statements are incorrect. Supply the correct words in the blanks provided.

1. <u>Javier</u> tiene (*has*) una computadora.

_____

2. <u>Álex</u> toma geografía, inglés, historia, arte y sociología.

_____

3. <u>Maite</u> tiene un amigo en la UNAM.

_____

4. Inés es de <u>México</u>.

_____

5. <u>Inés</u> toma una clase de computación.

_____

6. <u>Álex</u> toma inglés, literatura y periodismo.

_____

7. <u>Javier</u> toma cinco clases este semestre.

_____

8. Javier es de <u>Portoviejo</u>.

_____

6 **Asociar** List the three words or phrases from the box that you associate with each character.

historia, computación, arte	cinco clases	¡Qué aventura!
de Ecuador	dibujar	de Puerto Rico
periodismo	Radio Andina	¡Adiós, Mitad del Mundo!
la UNAM	estudiar mucho	Hola, Ricardo...

1. Álex   **2. Maite**   **3. Inés**   **4. Javier**

_____   _____   _____   _____
_____   _____   _____   _____
_____   _____   _____   _____

7 **¿Y tú?** Write a brief paragraph that tells who you are, where you are from, where you study (city and name of university), and what classes you are taking this semester.

_____

_____

_____

_____

_____

_____

recursos

E V CD-ROM
Lección 3

ESCENAS

Lección 3

¿Es grande tu familia?
Antes de ver el video

1 **Examinar el título** Look at the title of the video module. Based on the title and the video still below, what do you think you will see in this episode? Use your imagination.

_____

_____

_____

_____

_____

_____

_____

Mientras ves el video

2 **¿Sí o no?** (00:12:14 – 00:15:23) Indicate whether each statement about the **¿Es grande tu familia?** video segment is correct.

Afirmación	Sí	No
1. Inés tiene una familia muy pequeña.		
2. La cuñada de Inés es una médica italiana.		
3. Javier no tiene hermanos.		
4. El padre de Javier es alto.		
5. El abuelo de Javier tiene setenta y un años.		
6. El abuelo de Javier trabaja mucho.		

3 **La familia de Inés** (00:12:41 – 00:13:29) Select each person or thing shown in Inés's flashback about her family.

____ a family dinner

____ the skyline of Quito

____ scenes of the Ecuadorian countryside

____ Inés hugging her mother

____ Inés's sister-in-law, Francesca

____ Inés's niece, Graciela

____ Inés's nephew, Vicente

____ Inés's younger brother

____ Inés's older brother

____ Inés's grandparents

____ an infant seated in a high chair

____ the parents of Inés's sister-in-law

4 **Resumen** (00:15:25 – 00:16:35) Watch the **Resumen** segment of this video module and indicate whether each statement is **cierto** or **falso**.

	Cierto	Falso
1. La familia de Inés vive en Ecuador.	○	○
2. Inés tiene una familia pequeña.	○	○
3. Javier habla del padre de su papá.	○	○
4. Maite cree que el padre de Javier es muy alto.	○	○
5. Javier tiene una foto de sus padres.	○	○

Video Manual: Escenas

Después de ver el video

5 **Seleccionar** Select the letter of the word or phrase that best completes each sentence.

1. Vicente es el _____ de Pablo y de Francesca.

   a. primo   b. abuelo   c. padre   d. sobrino

2. Los _____ de Pablo viven en Roma.

   a. abuelos   b. suegros   c. hermanos   d. padres

3. El _____ de Inés es periodista.

   a. padre   b. sobrino   c. primo   d. hermano

4. Inés tiene una _____ que se llama Margarita.

   a. tía   b. abuela   c. prima   d. suegra

5. _____ de Javier es _____.

   a. El abuelo; guapo   b. La madre; trabajadora   c. El padre; alto   d. El hermano; simpático

6. _____ de Javier es _____.

   a. La abuela; trabajadora   b. El hermano; alto   c. El padre; trabajador   d. La mamá; bonita

7. _____ tiene _____.

   a. Javier; calor   b. Maite; frío   c. Inés; sueño   d. don Francisco; hambre

8. Javier dibuja a _____.

   a. Inés   b. Álex   c. don Francisco   d. Maite

6 **Preguntas** Answer these questions about the video episode.

1. ¿Quién tiene una familia grande?

2. ¿Tiene hermanos Javier?

3. ¿Cómo se llama la madre de Javier?

4. ¿Cuántos años tiene el sobrino de Inés?

5. ¿Cómo es el abuelo de Javier?

7 **Preguntas personales** Answer these questions about your family.

1. ¿Cuántas personas hay en tu familia? ¿Cuál es más grande (*bigger*), tu familia o la familia de Inés?

2. ¿Tienes hermanos/as? ¿Cómo se llaman?

3. ¿Tienes un(a) primo/a favorito/a? ¿Cómo es?

4. ¿Cómo es tu tío/a favorito/a? ¿Dónde vive?

Nombre _____   Fecha _____

Lección 4

¡Vamos al parque!
Antes de ver el video

1 **Álex y Maite** In this video module, the travelers arrive in Otavalo and have an hour of free time before they check in at their hotel. Álex and Maite, who still don't know each other very well, decide to go to the park together and chat. What kinds of things do you think they will see in the park? What do you think they will talk about?

_____

_____

_____

_____

_____

Mientras ves el video

_____

2 **Completar** (00:17:00 – 00:21:02) These sentences are taken from the **¡Vamos al parque!** segment of this video module. Watch this segment and fill in the blanks with the missing verbs.

1. _____ una hora libre.

2. Tenemos que _____ a las cabañas a las cuatro.

3. ¿Por qué no _____ al parque, Maite?

4. Podemos _____ y _____ el sol.

3 **El Parque del Retiro** (00:18:47 – 00:19:21) Select all the activities you see people doing in Maite's flashback about this famous park in Madrid.

____ una mujer patina   ____ tres señoras corren

____ unos jóvenes esquían   ____ un hombre pasea en bicicleta

____ dos chicos pasean en bicicleta   ____ un niño pequeño está con sus padres

____ un chico y una chica bailan   ____ dos chicos pasean

4 **Resumen** (00:21:03 – 00:22:03) In the **Resumen** segment of this video episode, Don Francisco reflects on the fact that he's not as young as he used to be. Fill in each blank in Column A with the correct word from Column B.

A	B
1. Los jóvenes tienen mucha _____ .	corre
2. Inés y Javier desean _____ por la ciudad.	pasear
3. Álex y Maite deciden ir al _____.	tomar
4. Maite desea _____ unas postales en el parque.	parque
5. A veces Álex _____ por la noche.	practica
6. Álex invita a Maite a _____ con él.	energía
7. Don Francisco no _____ deportes.	escribir
8. Pero don Francisco sí tiene mucha energía... para leer el periódico y _____ un café.	correr

Lección 4 Escenas Video Activities

Video Manual: *Escenas*

Después de ver el video

5 **¿De dónde es?** For items 1–11, fill in the missing letters in each word. For item 12, put the letters in the boxes in the right order to find out the nationality of the young man playing soccer in the park.

1. Álex y Maite van al p __ __ __ __ ☐.
2. A las cuatro tienen que ir a las __ __ __ ☐ __ __ __.
3. ☐ __ r __ __ __ es uno de los pasatiempos favoritos de Maite.
4. Maite escribe __ ☐ __ __ __ __ __ __ en el parque.
5. Inés y Javier van a pasear por la __ __ ☐ d __ __.
6. Don Francisco lee el __ e __ __ __ __ __ __ __ ☐.
7. Los cuatro estudiantes tienen una hora l __ __ ☐ __.
8. Los chicos están en la ciudad de __ ☐ __ v __ __ __.
9. Álex es muy __ f __ __ __ __ __ ☐ __ __ __ a los deportes.
10. Cuando está en __ a __ __ ☐ __, Maite pasea mucho por el Parque del Retiro.
11. Don Francisco toma un c ☐ __ __.
12. El joven del parque es _____.

6 **Me gusta** Complete the chart with the activities, pastimes, or sports that you enjoy participating in. Also indicate why and where you do each activity.

Mis pasatiempos favoritos	¿Por qué?	¿Dónde?

7 **Preguntas** Answer these questions in Spanish.

1. ¿Son aficionados/as a los deportes tus amigos/as? ¿Cuáles son sus deportes favoritos?

2. ¿Qué hacen tú y tus amigos/as cuando tienen tiempo libre?

3. ¿Qué vas a hacer esta noche? ¿Vas a estudiar? ¿Descansar? ¿Mirar televisión? ¿Ver una película? ¿Por qué? _____

Video Manual: *Escenas*

recursos

E V CD-ROM
Lección 5

ESCENAS

Lección 5

Tenemos una reservación.
Antes de ver el video

1 **¿Qué hacen?** Don Francisco and the travelers have just arrived at the **cabañas**. Based on the video still, what do you think they are they doing right now? What do you think they will do next?

_____

_____

_____

_____

_____

_____

_____

_____

Mientras ves el video

2 **¿Quién?** (00:22:28 – 00:25:40) Watch the **Tenemos una reservación** segment of this video module and write the name of the person who says each thing.

Afirmación	Nombre
1. ¿Es usted nueva aquí?	_____
2. ¡Uf! ¡Menos mal!	_____
3. Hola, chicas. ¿Qué están haciendo?	_____
4. Y todo está muy limpio y ordenado.	_____
5. Hay muchos lugares interesantes por aquí.	_____

3 **Los hoteles** (00:23:53 – 00:24:09) Watch don Francisco's flashback about Ecuadorian hotels and then select the sentence that best sums it up.

____ 1. No hay muchos hoteles en Ecuador.

____ 2. Hay muchas cabañas bonitas en la capital de Ecuador.

____ 3. Don Francisco no va a muchos hoteles.

____ 4. Don Francisco tiene muchos hoteles impresionantes.

____ 5. Los hoteles de Ecuador son impresionantes… hay hoteles de todos tipos (*types*).

4 **Resumen** (00:25:41 – 00:27:36) Watch the **Resumen** segment of this video module and fill in the missing words in each sentence.

1. ÁLEX   Javier, Maite, Inés y yo estamos en nuestro _____ en Otavalo.

2. JAVIER   Oigan, no están nada mal las _____, ¿verdad?

3. INÉS   Oigan, yo estoy aburrida. ¿_____ hacer algo?

4. MAITE   Estoy cansada y quiero _____ un poco porque (…) voy a correr con Álex.

5. ÁLEX   Es muy inteligente y simpática… y también muy _____.

Después de ver el video

5 **¿Cierto o falso?** Indicate whether each statement about this video episode is **cierto** or **falso**. Then correct each false statement.

	Cierto	Falso
1. Don Francisco y los viajeros llegan a la universidad.	○	○
2. Don Francisco habla con una empleada del hotel.	○	○
3. Inés y Álex están aburridos.	○	○
4. Javier desea ir a explorar la ciudad un poco más.	○	○
5. Maite desea descansar.	○	○
6. Álex y Maite van a correr a las seis.	○	○

6 **Resumir** In your own words, write a short summary of this video episode in Spanish. Try not to leave out any important information.

_____

_____

_____

_____

_____

_____

_____

_____

7 **Preguntas** Answer these questions in Spanish.

1. ¿Te gusta ir de vacaciones? ¿Por qué? _____

_____

_____

2. ¿Adónde te gusta ir de vacaciones? ¿Por qué? _____

_____

_____

3. ¿Con quién(es) vas de vacaciones? _____

_____

_____

recursos

E V CD-ROM
Lección 6

ESCENAS

Lección 6

¡Qué ropa más bonita!
Antes de ver el video

1   **Describir**   Look at the video still and describe what you see. Your description should answer these questions: Where is Javier? Who is Javier talking to? What is the purpose of their conversation?

_____

_____

_____

_____

_____

_____

_____

_____

Mientras ves el video

2   **Ordenar** (00:28:03 – 00:33:06)   Watch the **¡Qué ropa más bonita!** segment of this video module and indicate the order in which you heard these lines.

_____ 1. Le cuesta ciento cincuenta mil sucres.

_____ 2. Me gusta aquélla. ¿Cuánto cuesta?

_____ 3. La vendedora me lo vendió a muy buen precio.

_____ 4. ¡Qué mal gusto tienes!

_____ 5. Mejor vamos a tomar un café. ¡Yo invito!

_____ 6. Me gusta regatear con los vendedores.

3   **San Juan** (00:29:03 – 00:29:31)   Select each thing you see during Javier's flashback about shopping in San Juan.

_____ 1. una vendedora   _____ 4. un mercado al aire libre

_____ 2. un centro comercial   _____ 5. un dependiente

_____ 3. unas camisetas   _____ 6. una tienda de ropa para niños

4   **Resumen** (00:33:07 – 00:34:11)   Watch the **Resumen** segment of this video module and indicate whether Inés, Javier, or the **vendedor** said each sentence.

_____ 1. Bueno, para usted... sólo ciento treinta mil sucres.

_____ 2. (...) es muy simpático... ¡y regatea muy bien!

_____ 3. Voy a ir de excursión a las montañas y necesito un buen suéter.

_____ 4. Hoy (...) visitamos un mercado al aire libre.

_____ 5. Mmm... quiero comprarlo. Pero, señor, no soy rico.

Video Manual: *Escenas*

Después de ver el video

5 Completar Complete the following sentences with the correct words from the word bank.

vestido	sombrero	botas
impermeable	caro	montañas
blusa	suéter	rosado
hermana	talla	libre

1. Inés y Javier van de compras a un mercado al aire _____.

2. Inés quiere comprar algo (*something*) para su _____ Graciela.

3. Javier compra un _____ en el mercado.

4. Las bolsas del vendedor son típicas de las _____.

5. Inés compra una bolsa, una _____ y un _____.

6. Javier usa _____ grande.

6 Corregir All of these statements about this video episode are false. Rewrite them and correct the false information.

1. Javier compró un sombrero y una camisa.

_____

2. Inés prefiere la camisa gris con rayas rojas.

_____

3. Inés compró una blusa para su hermana.

_____

4. Javier quiere comprar un traje de baño porque va a la playa.

_____

7 Preguntas Answer these questions in Spanish.

1. ¿Te gusta ir de compras? ¿Por qué? _____

_____

2. ¿Adónde vas de compras? ¿Por qué? _____

_____

3. ¿Con quién(es) vas de compras? ¿Por qué? _____

_____

4. Imagina que estás en un centro comercial y que tienes mil dólares. ¿Qué vas a comprar? ¿Por qué?

_____

_____

5. Cuando compras un auto, ¿regateas con el/la vendedor(a)? _____

ESCENAS

Lección 7

¡Jamás me levanto temprano!
Antes de ver el video

1 **La rutina diaria** In this video module, Javier and Álex chat about their morning routines. What kinds of things do you think they will mention?

_____

_____

_____

_____

_____

_____

_____

_____

Mientras ves el video

2 **¿Álex o Javier?** (00:34:37 – 00:37:52) Watch the **¡Jamás me levanto temprano!** segment of this video module and select the appropriate column to indicate whether each activity is part of the daily routine of Álex or Javier.

	Álex	Javier
1. levantarse tarde	_____	_____
2. dibujar por la noche	_____	_____
3. despertarse a las seis	_____	_____
4. correr por la mañana	_____	_____
5. escuchar música por la noche	_____	_____

3 **Ordenar** (00:35:53 – 00:36:12) Watch Álex's flashback about his daily routine and indicate in what order he does the following things.

____ 1. ducharse

____ 2. vestirse

____ 3. levantarse temprano

____ 4. despertarse a las seis

____ 5. afeitarse

____ 6. cepillarse los dientes

4 **Resumen** (00:37:53 – 00:39:11) Watch the **Resumen** segment of this video module and fill in the missing words in these sentences.

1. JAVIER Álex no sólo es mi _____ sino mi despertador.

2. ÁLEX Me gusta _____ temprano.

3 ÁLEX Vuelvo, me ducho, _____ y a las siete y media _____ .

4. JAVIER Hoy _____ a un mercado al aire libre con Inés.

5. ÁLEX _____ levanto a las siete menos cuarto y _____ por treinta

minutos.

Video Manual: *Escenas*

Después de ver el video

5   **Preguntas** In Spanish, answer these questions about the video module.

1. ¿Qué está haciendo Álex cuando vuelve Javier del mercado?

_____

2. ¿Le gusta a Álex el suéter que compró Javier?

_____

3. ¿Por qué Javier no puede despertarse por la mañana?

_____

4. ¿A qué hora va a levantarse Álex mañana?

_____

5. ¿A qué hora sale el autobús mañana?

_____

6. ¿Dónde está la crema de afeitar?

_____

6   **Preguntas personales** Answer these questions in Spanish.

1. ¿A qué hora te levantas durante la semana? ¿Y los fines de semana?

_____

_____

2. ¿Prefieres acostarte tarde o temprano? ¿Por qué?

_____

_____

3. ¿Te gusta más bañarte o ducharte? ¿Por qué?

_____

_____

4. ¿Cuántas veces por día (*How many times a day*) te cepillas los dientes?

_____

_____

5. ¿Te lavas el pelo todos los días (*every day*)? ¿Por qué?

_____

7   **Tu rutina diaria** In Spanish, describe your morning routine.

_____

_____

_____

_____

_____

_____

Video Manual: Escenas

ESCENAS

Lección 8

¿Qué tal la comida?
Antes de ver el video

1   **En un restaurante**   What kinds of things do you do and say when you have lunch at a restaurant?

_____

_____

_____

_____

_____

_____

_____

_____

Mientras ves el video

2   **¿Quién?** (00:39:36 – 00:44:52)   Watch the **¿Qué tal la comida?** segment of this video module and write the name of the person who says each of the following lines.

Afirmación	Nombre
1. ¡Tengo más hambre que un elefante!	_____
2. Pero si van a ir de excursión deben comer bien.	_____
3. Y de tomar, les recomiendo el jugo de piña, frutilla y mora.	_____
4. Hoy es el cumpleaños de Maite.	_____
5. ¡Rico, rico!	_____

3   **Los restaurantes de Madrid** (00:43:45 – 00:44:04)   Watch Maite's flashback about restaurants in Madrid and select the sentence that best summarizes the flashback.

_____ 1. Es muy caro salir a cenar en Madrid.

_____ 2. A Maite no le gustan los restaurantes de Madrid.

_____ 3. Hay una gran variedad de restaurantes en Madrid.

_____ 4. Los restaurantes de Madrid son muy elegantes.

4   **Resumen** (00:44:53 – 00:46:32)   Watch the **Resumen** segment of this video module and fill in the missing words in these sentences.

1. JAVIER   ¿Qué nos _____ usted?

2. DON FRANCISCO   Debo _____ más a menudo.

3. DOÑA RITA   ¿_____ lo traigo a todos?

4. DON FRANCISCO   Es bueno _____ a la dueña del mejor restaurante de la ciudad.

5. ÁLEX   Para mí las _____ de maíz y el ceviche de _____.

Video Manual: Escenas

Después de ver el video

5 **Opiniones** Write the names of the video characters who expressed the following opinions, either verbally or through body language.

_____ 1. Don Francisco es un conductor excelente.

_____ 2. El servicio en este restaurante es muy rápido.

_____ 3. Nuestros pasteles son exquisitos.

_____ 4. ¡Caldo de patas! Suena (*It sounds*) como un plato horrible.

_____ 5. Las tortillas de maíz son muy sabrosas. Se las recomiendo.

_____ 6. Las montañas de nuestro país son muy hermosas.

6 **Corregir** Correct these false statements about the **¿Qué tal la comida?** video episode.

1. El Cráter es un mercado al aire libre.

_____

2. La señora Perales trabaja en El Cráter. Es camarera.

_____

3. Maite pide las tortillas de maíz y la fuente de fritada.

_____

4. Álex pide el caldo de patas y una ensalada.

_____

5. De beber, todos piden té.

_____

6. La señora Perales dice (*says*) que los pasteles de El Cráter son muy caros.

_____

7 **Preguntas personales** Answer these questions in Spanish.

1. ¿Almuerzas en la cafetería de tu universidad? ¿Por qué sí o por qué no? _____

_____

2. ¿Cuál es tu plato favorito? ¿Por qué? _____

_____

3. ¿Cuál es el mejor restaurante de tu comunidad? Explica (*Explain*) tu opinión. _____

_____

4. ¿Cuál es tu restaurante favorito? ¿Cuál es la especialidad de ese restaurante? _____

_____

5. ¿Sales mucho a cenar con tus amigos/as? ¿Adónde van a cenar? _____

_____

Video Manual: *Escenas*

ESCENAS

Lección 9

¡Feliz cumpleaños, Maite!
Antes de ver el video

1 **Una fiesta** In this video episode, señora Perales and don Francisco surprise Maite with a birthday party. Based on this information, what kinds of things do you expect to see in this episode?

_____
_____
_____
_____
_____
_____
_____
_____

Mientras ves el video

2 **Ordenar** (00:47:00 – 00:50:40) Watch the **¡Feliz cumpleaños, Maite!** segment of this video module and put the following events in the correct order.

_____ 1. Álex recuerda la quinceañera de su hermana.

_____ 2. Los estudiantes miran el menú.

_____ 3. Javier pide un pastel de chocolate para su cumpleaños.

_____ 4. La señora Perales trae un flan, un pastel y una botella de vino.

_____ 5. Los estudiantes deciden dejarle una buena propina a la señora Perales.

3 **La quinceañera** (00:49:28 – 00:49:44) Watch Álex's flashback about his sister's **quinceañera**. Select the **Sí** column if the following actions occurred in the flashback; select the **No** column if the actions did *not* occur.

Acción	Sí	No
1. Álex canta para su hermana.	_____	_____
2. Todos se sientan a cenar.	_____	_____
3. Todos nadan en la piscina.	_____	_____
4. Varias personas bailan.	_____	_____

4 **Resumen** (00:50:41 – 00:51:52) Watch the **Resumen** segment of this video module and indicate who says the following lines.

_____ 1. Señora Perales, mi cumpleaños es el primero de octubre…

_____ 2. Dicen que las fiestas son mejores cuando son una sorpresa.

_____ 3. ¿Hoy es tu cumpleaños, Maite?

_____ 4. Ayer te lo pregunté, ¡y no quisiste decírmelo!

Video Manual: Escenas

Después de ver el video

5 **Corregir** All of the following statements about this video episode are false. Rewrite them so that they will be correct.

1. Álex le sirve un pastel de cumpleaños a Maite.

_____

2. Don Francisco le deja una buena propina a la señora Perales.

_____

3. Maite cumple los diecinueve años.

_____

4. Don Francisco toma una copa de vino.

_____

5. El cumpleaños de Javier es el quince de diciembre.

_____

6. El cumpleaños de Maite es el primero de octubre.

_____

6 **Eventos importantes** In Spanish, list the three events from this video episode that you consider to be the most important, and explain your choices.

_____

_____

_____

_____

_____

_____

_____

_____

_____

7 **Preguntas personales** Answer these questions in Spanish.

1. ¿Vas a muchas fiestas? ¿Qué haces en las fiestas? _____

_____

2. ¿Qué haces antes de ir a una fiesta? ¿Y después? _____

_____

3. ¿Cuándo es tu cumpleaños? ¿Cómo vas a celebrarlo? _____

_____

4. ¿Te gusta recibir regalos en tu cumpleaños? ¿Qué tipo de regalos? _____

_____

recursos
E V CD-ROM
Lección 10

ESCENAS

Lección 10

¡Uf! ¡Qué dolor!
Antes de ver el video

1   **Un accidente**   Look at the video still. Where do you think Javier and don Francisco are? What is happening in this scene?

_____

_____

_____

_____

_____

_____

_____

_____

Mientras ves el video

2   **¿Quién?** (00:52:19 – 00:56:29)   Watch the **¡Uf! ¡Qué dolor!** segment of this video module and select the correct column to indicate who said each sentence.

Oración	Javier	don Francisco	doctora Márquez
1. ¡Creo que me rompí el tobillo!	_____	_____	_____
2. ¿Cómo se lastimó el pie?	_____	_____	_____
3. ¿Embarazada? Definitivamente NO.	_____	_____	_____
4. ¿Está roto el tobillo?	_____	_____	_____
5. No te preocupes, Javier.	_____	_____	_____

3   **Clínicas y hospitales** (00:54:20 – 00:54:41)   Watch Javier's flashback about medical facilities in Puerto Rico and select the things you see.

_____ 1. una paciente   _____ 6. letreros (*signs*)

_____ 2. una computadora   _____ 7. unos edificios

_____ 3. enfermeras   _____ 8. unas pastillas

_____ 4. un termómetro   _____ 9. un microscopio

_____ 5. una radiografía   _____ 10. una inyección

4   **Resumen** (00:56:30 – 00:57:39)   Watch the **Resumen** segment of this video module. Then write the name of the person who said each sentence and fill in the missing words.

_____ 1. De niño tenía que ir mucho a una _____ en San Juan.

_____ 2. ¿Cuánto tiempo _____ que se cayó?

_____ 3. Tengo que descansar durante dos o tres días porque me _____ el tobillo.

_____ 4. No está _____ el tobillo.

_____ 5. Pero por lo menos no necesito el _____ para dibujar.

Video Manual: *Escenas*

Después de ver el video

5 Seleccionar In the blanks provided, write the letter of the word or words that best complete each sentence.

1. ____ conoce a una doctora que trabaja en una clínica cercana (*nearby*).

   a. don Francisco b. Maite c. Álex d. Inés

2. La doctora Márquez le va a ____ unas pastillas a Javier.

   a. vender b. comprar c. recetar d. romper

3. Cuando era ____, ____ se enfermaba mucho de la garganta.

   a. niña; la doctora Márquez b. niño; Javier c. niño; Álex d. niño; don Francisco

4. La doctora Márquez quiere ver si Javier se rompió uno de los huesos ____.

   a. de la pierna b. del pie c. del tobillo d. de la rodilla

5. Una vez ____ se rompió la pierna jugando al ____.

   a. don Francisco; fútbol b. Javier; béisbol c. la doctora Márquez; baloncesto d. Álex; fútbol

6. ____ se cayó cuando estaba en ____.

   a. Álex; el parque b. Javier; el autobús c. don Francisco; la clínica d. Javier; el restaurante

6 Preguntas Answer the following questions in Spanish.

1. ¿Tiene fiebre Javier? ¿Está mareado?

   _____

2. ¿Cuánto tiempo hace que se cayó Javier?

   _____

3. ¿Cómo se llama la clínica donde trabaja la doctora Márquez?

   _____

4. ¿A quién no le gustaban mucho las inyecciones ni las pastillas?

   _____

5. ¿Va a poder ir Javier de excursión con sus amigos?

   _____

7 Preguntas personales Answer these questions in Spanish.

1. ¿Te gusta ir al/a la médico/a? ¿Por qué sí o por qué no?_____

   _____

2. ¿Tienes muchas alergias? ¿Eres alérgico/a a algún medicamento?_____

   _____

3. ¿Cuándo es importante ir a la sala de emergencias?_____

   _____

4. ¿Qué haces cuando tienes fiebre y te duele la garganta? _____

   _____

ESCENAS

Lección 11

Tecnohombre, ¡mi héroe!
Antes de ver el video

1 **¿Qué pasa?** Look at the video still. Where do you think Inés and don Francisco are? What do you think they are doing, and why?

_____
_____
_____
_____
_____
_____
_____

Mientras ves el video

2 **¿Qué oíste?** (00:58:05 – 01:03:23) Watch the **Tecnohombre, ¡mi héroe!** segment of this video module and select the items you hear.

___ 1. Lo siento. No está.
___ 2. Con él habla.
___ 3. Con el señor Fonseca, por favor.
___ 4. ¡A sus órdenes!
___ 5. ¡Uy! ¡Qué dolor!
___ 6. ¡No me digas!
___ 7. Estamos en Ibarra.
___ 8. Viene enseguida.
___ 9. No puede venir hoy.
___ 10. No veo el problema.

3 **Madrid** (00:58:34 – 00:58:55) Watch Maite's flashback about getting around in Madrid and select the things you see.

___ 1. calles
___ 2. semáforos
___ 3. carros
___ 4. una motocicleta
___ 5. monumentos
___ 6. taxis
___ 7. una mujer policía
___ 8. un taller
___ 9. una ambulancia
___ 10. una gasolinera

4 **Resumen** (01:03:24 – 01:04:30) Watch the **Resumen** segment of this video module. Then write the name of the person who said each line.

_____ 1. Cuando estaba en la escuela secundaria, trabajé en el taller de mi tío.
_____ 2. Y Álex (…) usó su teléfono celular para llamar a un mecánico.
_____ 3. Al salir de Quito los otros viajeros y yo no nos conocíamos muy bien.
_____ 4. Piensa que puede arreglar el autobús aquí mismo.
_____ 5. Es bueno tener superamigos, ¿no?

Video Manual: Escenas

Después de ver el video

5   **Corregir**   All of these statements about the video episode are false. Rewrite them so that they will be true.

1. Don Francisco llamó al señor Fonseca, el mecánico.

_____

2. Maite aprendió a arreglar autobuses en el taller de su tío.

_____

3. Don Francisco descubre que el problema está en el alternador.

_____

4. El mecánico saca una foto de Tecnohombre y la Mujer Mecánica con Maite y don Francisco.

_____

5. El asistente del señor Fonseca está mirando la televisión.

_____

6. El autobús está a unos treinta y cinco kilómetros de la ciudad.

_____

6   **Una carta**   Imagine that Maite is writing a short letter to a friend about today's events. In Spanish, write what you think Maite would say in her letter.

_____
_____
_____
_____
_____
_____
_____
_____

7   **Preguntas personales**   Answer these questions in Spanish.

1. Cuando tu carro está descompuesto, ¿lo llevas a un(a) mecánico/a o lo arreglas tú mismo/a?
   ¿Por qué? _____

_____

2. ¿Conoces a un(a) buen(a) mecánico/a? ¿Cómo se llama? _____

_____

3. ¿Tienes un teléfono celular? ¿Para qué lo usas? _____

_____

ESCENAS

Lección 12

¡Les va a encantar la casa!
Antes de ver el video

1 **En la casa** In this lesson, the students arrive at the house in Ibarra near the area where they will go on their hiking excursion. Keeping this information in mind, look at the video still and describe what you think is going on.

_____
_____
_____
_____
_____
_____
_____

Mientras ves el video

2 **¿Cierto o falso?** (01:04:59 – 01:09:00) Watch the **¡Les va a encantar la casa!** segment of this video module and indicate whether each statement is **cierto** or **falso**.

	Cierto	Falso
1. La señora Vives es la hermana de don Francisco.	O	O
2. Hay mantas y almohadas en el armario de la alcoba de los chicos.	O	O
3. El guía llega mañana a las siete y media de la mañana.	O	O
4. Don Francisco va a preparar todas las comidas.	O	O
5. La señora Vives cree que Javier debe poner las maletas en la cama.	O	O

3 **En México** (01:05:49 – 01:06:26) Watch Álex's flashback about lodgings in Mexico and select the things you see.

____ 1. balcones

____ 2. puertas

____ 3. apartamentos

____ 4. una bicicleta

____ 5. un perro (*dog*)

____ 6. una vaca (*cow*)

4 **Resumen** (01:09:01 – 01:10:15) Watch the **Resumen** segment of this video module. Then select each event that occurred in the **Resumen**.

____ 1. La señora Vives les dice a los estudiantes que deben descansar.

____ 2. Inés habla de la llegada (*arrival*) de los estudiantes a la casa.

____ 3. Inés dice que va a acostarse porque el guía llega muy temprano mañana.

____ 4. Don Francisco les dice a los estudiantes que les va a encantar la casa.

____ 5. Javier dice que los estudiantes van a ayudar a la señora Vives con los quehaceres domésticos.

Video Manual: *Escenas*

Después de ver el video

5 **Seleccionar** Write the letter of the words that best complete each sentence.

1. Don Francisco dice que la casa es _____.

   a. pequeña pero bonita b. pequeña pero cómoda c. cómoda y grande

2. La habitación de los chicos tiene dos camas, una _____ y una _____.

   a. mesita de noche; cómoda b. silla; lavadora c. cómoda; escalera

3. El sofá y los sillones _____ son muy cómodos.

   a. del jardín b. de la sala c. de las alcobas

4. Al fondo del _____ hay un _____.

   a. apartamento; comedor b. edificio; baño c. pasillo; baño

5. Inés le dice a _____ que los estudiantes quieren ayudarla a _____ la comida.

   a. Maite; comprar b. la señora Vives; preparar c. don Francisco; comer

6 **Preguntas** Answer the following questions about this video episode in Spanish.

1. ¿Cómo se llama el guía que viene mañana?

   _____

   _____

2. ¿Quién puso su maleta en la cama?

   _____

   _____

3. ¿Cómo se llama el ama de casa?

   _____

   _____

4. ¿Quién quiere que los estudiantes hagan sus camas?

   _____

   _____

5. Según don Francisco, ¿por qué deben acostarse temprano los estudiantes?

   _____

   _____

7 **Escribir** Imagine that you are one of the characters you saw in this video episode. Write a paragraph from that person's point of view, summarizing what happened in this episode.

   _____

   _____

   _____

   _____

   _____

   _____

ESCENAS

Lección 13

¡Qué paisaje más hermoso!
Antes de ver el video

1 **La excursión** In this video episode, Martín takes the students out to see the area where they will go hiking. What do you think the students and Martín talk about when they get to the hiking area?

_____

_____

_____

_____

_____

_____

_____

_____

Mientras ves el video

2 **Opiniones** (01:10:38 – 01:14:15) Watch the **¡Qué paisaje más hermoso!** segment and select each opinion that was expressed in this video segment.

____ 1. Hay un gran problema de contaminación en la ciudad de México.

____ 2. En las montañas, la contaminación no afecta al río.

____ 3. El aire aquí en las montañas está muy contaminado.

____ 4. No es posible hacer mucho para proteger el medio ambiente.

____ 5. Es importante controlar el uso de automóviles.

3 **Los paisajes de Puerto Rico** (01:11:52 – 01:12:22) Watch Javier's flashback about Puerto Rico's countryside and select the things you see.

____ 1. un río   ____ 4. una flor

____ 2. unas montañas   ____ 5. unas nubes

____ 3. un pez   ____ 6. unos árboles

4 **Resumen** (01:14:16 – 01:15:37) Watch the **Resumen** segment of this video module. Then indicate who made each statement, and complete the statements with the correct words.

_____ 1. Martín nos explicó lo que teníamos que hacer para proteger el _____.

_____ 2. Y sólo deben caminar por el _____.

_____ 3. No creo que haya _____ más bonitos en el mundo.

_____ 4. La _____ es un problema en todo el mundo.

_____ 5. ¡_____ que las comparta conmigo!

Después de ver el video

5 **¿Cierto o falso?** Indicate whether each sentence about this video episode is **cierto** or **falso**. If an item is false, rewrite it so that it will be correct.

	Cierto	Falso
1. Maite dice que su carro contamina mucho el aire.	○	○
2. Martín dice que el río no está contaminado cerca de las ciudades.	○	○
3. A Maite no le gusta el paisaje.	○	○
4. Según Martín, es muy importante cuidar la naturaleza.	○	○
5. Martín cree que es importante tocar las flores y las plantas.	○	○

6 **Preguntas** Answer the following questions about this video episode in Spanish.

1. ¿Se pueden tomar fotos durante la excursión?

_____

_____

2. Según Javier, ¿cómo son los paisajes de Puerto Rico?

_____

_____

3. ¿Qué deben hacer los estudiantes si ven por el sendero botellas, papeles o latas?

_____

_____

4. ¿Qué va a hacer Maite si no puede conducir su carro en Madrid?

_____

_____

5. Según Álex, ¿cómo es el aire de la capital de México?

_____

_____

7 **Describir** List a few things that people can do to protect your community's environment.

_____

_____

_____

_____

_____

_____

ESCENAS

Lección 14

Estamos perdidos.
Antes de ver el video

1 **En el centro** In this video episode, Álex and Maite get lost while running errands. What kinds of errands do you think they are running? Based on the video still, what do you think they will do to get their bearings?

_____

_____

_____

_____

_____

_____

_____

Mientras ves el video

2 **Ordenar** (01:16:02 – 01:20:02)   Watch the **Estamos perdidos** segment of this lesson's video module and put the following events in the correct order.

____ 1. Maite le describe a Inés los eventos del día.

____ 2. Don Francisco y Martín les dan consejos a los estudiantes sobre la excursión.

____ 3. Álex y Maite se pierden pero un joven les da direcciones.

____ 4. Maite y Álex van al banco y al supermercado.

____ 5. Álex y Maite deciden ir al centro.

3 **Completar** (01:16:02 – 01:20:02) Watch the **Estamos perdidos** segment and complete the following sentences.

1. Estamos conversando sobre la _____ de mañana.

2. Les _____ que traigan algo de comer.

3. ¿Hay un _____ por aquí con cajero automático?

4. Fuimos al banco y al _____.

5. También buscamos un _____.

4 **Resumen** (01:20:03 – 01:21:58) Watch the **Resumen** segment of this video module. Then select the events that you saw in the **Resumen**.

____ 1. Maite sugiere que vayan ella y Álex al supermercado para comprar comida.

____ 2. Inés dice que necesita ir al banco y al supermercado.

____ 3. Maite le pregunta al joven si hay un banco en la ciudad con cajero automático.

____ 4. Álex y Maite toman un helado juntos.

Video Manual: *Escenas*

Después de ver el video

5 **Seleccionar** In the blanks provided, write the letter of the word or words that best completes each sentence.

1. Don Francisco les recomienda a los estudiantes que ___ para la excursión.

   a. compren comida b. traigan refrescos c. lleven ropa adecuada d. compren un mapa

2. Martín les aconseja a los estudiantes que traigan ___.

   a. comida b. unos refrescos c. un teléfono celular d. helado

3. Inés quiere que Maite le compre ___.

   a. un mapa b. unas estampillas c. unas postales d. una cámara

4. Álex y Maite van al banco, al correo y ___.

   a. al supermercado b. a la joyería c. al consultorio d. al cine

5. Antes de volver a la casa Álex y Maite van a una ___.

   a. pescadería b. joyería c. heladería d. panadería

6. Maite piensa que el joven que les dio direcciones es ___.

   a. guapo pero antipático b. alto y guapo c. simpático e inteligente d. guapo y simpático

6 **Escribir** Write a summary of today's events from Maite's point of view.

_____

_____

_____

_____

_____

_____

_____

_____

7 **Las diligencias** Write a short paragraph describing some of the errands you ran last week. What did the errands involve, and what places in your community did you visit while running your errands?

_____

_____

_____

_____

_____

_____

_____

_____

Nombre _____   Fecha _____

ESCENAS

Lección 15

¡Qué buena excursión!
Antes de ver el video

1 **Una excursión** List the types of things you would probably do and say during a hiking trip through a scenic area.

_____
_____
_____
_____
_____
_____
_____
_____
_____

Mientras ves el video

2 **¿Quién?** (01:22:23 – 01:27:41) Watch the **¡Qué buena excursión!** segment of this video module and indicate who said the following things.

_____ 1. Ya veo que han traído lo que necesitan.

_____ 2. No puedo creer que finalmente haya llegado el gran día.

_____ 3. Increíble, don Efe. Nunca había visto un paisaje tan espectacular.

_____ 4. Nunca había hecho una excursión.

_____ 5. Creo que la señora Vives nos ha preparado una cena muy especial.

3 **Un gimnasio en Madrid** (01:23:34 – 01:24:04) Watch Maite's flashback about her gym in Madrid and select the people and things you see.

____ 1. una mujer que hace abdominales (*is doing situps*)

____ 2. un hombre que lleva pantalones cortos rojos

____ 3. un hombre que levanta pesas

____ 4. una mujer que lleva una camiseta roja

4 **Resumen** (01:27:42 – 01:28:50) Watch the **Resumen** segment of this video module. Then number the following events from one to five according to the order in which they occurred in the **Resumen**.

_____ 1. Javier dice que sacó muchísimas fotos.

_____ 2. Inés menciona que Martín es un guía muy bueno.

_____ 3. Inés dice que se alegra de haber conocido a los otros estudiantes.

_____ 4. Martín recomienda que los chicos hagan unos ejercicios de estiramiento.

_____ 5. Maite dice que se divirtió mucho durante la excursión.

Video Manual: Escenas

Lección 15 Escenas Video Activities **197**

Después de ver el video

5 **¿Cierto o falso?** Indicate whether each sentence about this video episode is **cierto** or **falso**. If an item is false, rewrite it so that it will be correct.

	Cierto	Falso

1. Según Álex, es muy bonita el área donde hicieron la excursión.   ○ ○

_____

2. Martín y los estudiantes hacen unos ejercicios de estiramiento después de la excursión.   ○ ○

_____

3. Don Francisco dice que el grupo debe volver a la casa para preparar la cena.   ○ ○

_____

4. Maite va a un gimnasio cuando está en Madrid.   ○ ○

_____

5. Maite va a tener mucho que contarle a su familia cuando regrese a España.   ○ ○ .

_____

6 **Preguntas personales** Answer the following questions in Spanish.

1. ¿Vas al gimnasio todos los días? ¿Por qué sí o por qué no? _____

_____

2. ¿Sacas muchas fotos cuando estás de vacaciones? ¿Por qué sí o por qué no? _____

_____

3. ¿Te gusta comer una cena grande después de hacer ejercicio? Explica por qué. _____

_____

4. ¿Has visto alguna vez un paisaje tan bonito como el paisaje que vieron Álex, Maite, Javier e Inés?

¿Dónde? _____

_____

5. ¿Quieres hacer una excursión como la que hicieron los cuatro estudiantes? Explica tu respuesta.

_____

_____

7 **Describir** Write a description of your personal fitness routine. You may write about an imaginary fitness routine if you wish.

_____

_____

_____

_____

_____

Nombre _____   Fecha _____

¡VIVAN LOS PAÍSES HISPANOS!   **Lección 4**

México
Antes de ver el video

1   **Más vocabulario** Look over these useful words before you watch the video.

Vocabulario útil			
día *day*	estos *these*	gente *people*	sentir *to feel*
energía *energy*	fiesta *party, celebration*	para *to*	valle *valley*

2   **Describir** In this video, you will learn about the archaeological ruins of Teotihuacán where the celebration of the equinox takes place every year. Do you know what the equinox is? In English, try to write a description.

equinoccio: _____

_____

3   **Categorías** Categorize the words listed in the word bank.

arqueológicos	gente	increíble	mexicanos	Teotihuacán
capital mexicana	hacen	interesante	moderno	tienen
celebrar	hombres	jóvenes	mujeres	Valle de México
ciudad	importante	Latinoamérica	niños	van
escalar				

Lugares	Personas	Verbos	Adjetivos

Mientras ves el video

4   **Marcar** Check off the pastimes you see while watching the video.

_____ 1. pasear   _____ 4. escalar (pirámides)   _____ 7. visitar monumentos

_____ 2. nadar   _____ 5. tomar el sol   _____ 8. bucear

_____ 3. patinar   _____ 6. ver películas

Video Manual: *¡Vivan los países hispanos!*

Después de ver el video

5 Completar Fill in the blanks with the appropriate word(s).

celebrar	manos
comienzan	muy interesante
el Valle de México	pasean
la capital mexicana	sentir
la celebración del equinoccio	sol

1. Teotihuacán está a cincuenta kilómetros de _____.

2. A _____ van muchos grupos de música tradicional.

3. Todos quieren _____ la energía del sol en sus _____.

4. Ir a las pirámides de Teotihuacán es una experiencia _____.

5. Las personas _____ por las ruinas.

6 ¿Cierto o falso? Indicate whether each statement is **cierto** or **falso**. Correct the false statements.

1. Las pirámides de Teotihuacán están lejos del Valle de México.

   _____

2. Muchas personas van a Teotihuacán todos los años para celebrar el equinoccio.

   _____

3. Turistas de muchas nacionalidades van a la celebración.

   _____

4. La gente prefiere ir a Teotihuacán en sus ratos libres.

   _____

5. La celebración del equinoccio termina a las cinco de la mañana.

   _____

6. Las personas celebran la energía que reciben de Teotihuacán todos los años.

   _____

7 Foto Describe the video still. Write at least three sentences in Spanish.

_____

_____

_____

_____

Video Manual: ¡Vivan los países hispanos!

202   Lección 4 ¡Vivan los países hispanos! Video Activities

¡VIVAN LOS PAÍSES HISPANOS! Lección 6

Puerto Rico
Antes de ver el video

1 Más vocabulario Look over these useful words before you watch the video.

Vocabulario útil		
angosto *narrow*	calle *street*	plaza *square*
antiguo *old*	escultura *sculpture*	promocionar *to promote*
artesanías *handicrafts*	exposición *exhibition*	sitio *site*
bahía *bay*	fuente *fountain*	vender *to sell*
barrio *neighborhood*		

Mientras ves el video

2 Cognados Check off all the cognates you hear during the video.

_____ 1. aeropuerto

_____ 2. área

_____ 3. arte

_____ 4. artístico

_____ 5. cafés

_____ 6. calma

_____ 7. capital

_____ 8. construcciones

_____ 9. estrés

_____ 10. histórico

_____ 11. información

_____ 12. nacional

_____ 13. permanente

_____ 14. presidente

_____ 15. restaurantes

Después de ver el video

3 Completar Complete the sentences with words from the word bank.

camina	coloniales	galerías	exposición	promociona
capital	esculturas	excelente	hermoso	

1. En la bahía de la _____ de Puerto Rico está el Castillo de San Felipe del Morro.

2. Muchas de las construcciones del Viejo San Juan son _____.

3. En la mayoría de los parques hay _____ inspiradas en la historia del país.

4. El Instituto de Cultura Puertorriqueña _____ eventos culturales en la isla.

5. Hay muchas _____ de arte y museos.

6. En el Museo de San Juan hay una _____ permanente de la historia de Puerto Rico.

Video Manual: ¡Vivan los países hispanos!

¡VIVAN LOS PAÍSES HISPANOS!   Lección 6

Cuba
Antes de ver el video

1 Más vocabulario Look over these useful words before you watch the video.

Vocabulario útil

conversar *to talk*
imágenes *images (in this case, of a religious nature)*
miembro *member*

relaciones *relationships*
relacionadas *related to*

Mientras ves el video

2 Marcar Check off the activities you see while watching the video.

_____ 1. hombre escribiendo

_____ 2. hombre leyendo

_____ 3. mujer corriendo

_____ 4. mujer llorando (*crying*)

_____ 5. niño jugando

_____ 6. personas bailando

_____ 7. personas caminando

_____ 8. personas cantando

_____ 9. personas conversando

Después de ver el video

3 ¿Cierto o falso? Indicate whether each statement is **cierto** or **falso**. Correct the false statements.

1. Cada tres horas sale un barco de La Habana con destino a Regla.

_____

2. Regla es una ciudad donde se practica la santería.

_____

3. La santería es una práctica religiosa muy común en algunos países latinoamericanos.

_____

4. Los santeros no son personas importantes en su comunidad.

_____

5. La santería es una de las tradiciones cubanas más viejas.

_____

¡VIVAN LOS PAÍSES HISPANOS!   Lección 6

La República Dominicana
Antes de ver el video

1 **Más vocabulario** Look over these useful words and expressions before you watch the video.

Vocabulario útil	
crear *to create, form*	**papel** *role*
emigrantes *emigrants*	**ritmos** *rhythms*
fiestas nacionales *national festivals*	**tocar (música)** *to play (music)*

2 **Preguntas** This video talks about two musical genres famous in the Dominican Republic. In preparation for watching the video, answer these questions.

1. ¿Cuál es el género (*genre*) musical estadounidense con más fama internacional?

_____

2. ¿Te gusta esta música? ¿Por qué?

_____

Mientras ves el video

3 **Marcar** Check off the activities and places you see in the video.

_____ 1. niños sonriendo   _____ 6. espectáculo de baile en teatro

_____ 2. mujer vendiendo ropa   _____ 7. bandera (*flag*) de la República Dominicana

_____ 3. parejas bailando   _____ 8. mujer peinándose

_____ 4. hombre tocando acordeón   _____ 9. boulevard

_____ 5. niño jugando al fútbol   _____ 10. playa

Después de ver el video

4 **Corregir** The underlined elements in the sentences are incorrect. Write the correct words in the spaces provided.

1. Uno de los mejores ejemplos de la mezcla (*mix*) de culturas en la República Dominicana es la <u>arquitectura</u>.

   La palabra correcta es: _____

2. El Festival del merengue se celebra en las <u>plazas</u> de Santo Domingo todos los veranos.

   La palabra correcta es: _____

3. La música de República Dominicana está influenciada por la música tradicional de <u>Asia</u>.

   La palabra correcta es: _____

4. En todo el país hay discotecas donde se toca y se baila la bachata y el <u>jazz</u>.

   La palabra correcta es: _____

5. El veintisiete de febrero de cada año los dominicanos celebran el día de la <u>madre</u>.

   La palabra correcta es: _____

6. La bachata y el merengue son ritmos <u>poco</u> populares en la República Dominicana.

   La palabra correcta es: _____

5 Emparejar Find the items in the second column that correspond to the ones in the first.

____ 1. Aquí la gente baila la bachata y el merengue.

____ 2. Este músico recibió en 1966 la Medalla presidencial.

____ 3. *El Bachatón*

____ 4. Juan Luis Guerra, Johnny Ventura y Wilfredo Vargas

____ 5. La música dominicana recibió la influencia de estas personas.

a. Johnny Pacheco

b. Varios de los muchos músicos de bachata y merengue con fama internacional

c. Los indígenas que vivían en la región

d. Las discotecas de la ciudad

e. En este programa de televisión sólo se toca la bachata.

6 Seleccionar Select the sentence that best summarizes what you saw in this video.

____ 1. Por muchos años, muchos emigrantes llegaron a la República Dominicana y crearon la actual cultura dominicana.

____ 2. Todas las estaciones de radio tocan bachata y hay un programa de televisión muy popular dedicado exclusivamente a esta música, llamado *El Bachatón*.

____ 3. Los ritmos más populares de la República Dominicana, la bachata y el merengue, son producto de varias culturas y forman parte integral de la vida de los dominicanos.

____ 4. Una fiesta tradicional dominicana es el Festival del Merengue, que se celebra todos los veranos desde 1966 por las calles de Santo Domingo.

7 Responder Answer the questions in Spanish. Use complete sentences.

1. ¿Cuál es tu música favorita? ¿Por qué?

   _____

2. ¿Dónde escuchas esta música? ¿Cuándo?

   _____

3. ¿Quiénes son los intérpretes más famosos de esta música? ¿Cuál de ellos te gusta más?

   _____

4. ¿Te gusta bailar? ¿Qué tipo de música bailas?

   _____

5. ¿Es la música algo importante en tu vida? ¿Por qué?

   _____

¡VIVAN LOS PAÍSES HISPANOS!   Lección 8

Venezuela
Antes de ver el video

1 **Más vocabulario** Look over these useful words before you watch the video.

Vocabulario útil		
castillo *castle*	fuerte *fort*	plana *flat*
catarata *waterfall*	maravilla *wonder*	según *according to*
cima *top*	medir *measure*	teleférico *cable railway*

Mientras ves el video

2 **Marcar** Check off the cognates you hear while watching the video.

_____ 1. animales   _____ 5. famoso   _____ 9. mitología

_____ 2. arquitectura   _____ 6. geológicas   _____ 10. naturales

_____ 3. construcción   _____ 7. horizontales   _____ 11. plantas

_____ 4. diversa   _____ 8. marina   _____ 12. verticales

Después de ver el video

3 **Completar** Complete the sentences with words from the word bank. Some words will not be used.

clase	islas	metros	río	verticales
fuertes	marina	planas	telférico	

1. En Venezuela hay castillos y _____ que sirvieron para proteger al país hace muchos años.

2. En Venezuela hay más de 311 _____.

3. La Isla Margarita tiene una fauna _____ muy diversa.

4. Los hoteles de Isla Margarita son de primera _____.

5. El Parque Nacional Canaima tiene 38 grandes montañas de paredes _____ y cimas

   _____.

6. Venezuela también tiene el _____ más largo del mundo.

4 **Escribir** In Spanish, list the three things you found most interesting in this video and explain your choices. Use complete sentences.

_____

_____

_____

recursos

I CD-ROM
Lección 8

¡VIVAN LOS PAÍSES HISPANOS!

Lección 8

Colombia

Antes de ver el video

1 **Más vocabulario** Look over these useful words and expressions before you watch the video.

Vocabulario útil	
alrededores *surrounding area*	delfín *dolphin*
belleza natural *natural beauty*	desfile *parade*
campesinos *country/rural people*	disfrutar (de) *enjoy*
carroza *float*	feria *fair*
cordillera *mountain range*	fiesta *festival*
costas *coasts*	orquídea *orchid*

Mientras ves el video

2 **Preguntas** Answer the question about the video still. Use complete sentences.

¿Cómo se llama esta celebración?

_____

_____

Después de ver el video

3 **Emparejar** Find the items in the second column that correspond to the ones in the first.

_____ 1. El grano colombiano que se exporta mucho   a. el café

_____ 2. El Carnaval de Baranquilla   b. Río Amazonas

_____ 3. En Colombia crecen muchas   c. un desfile de carrozas decordas

_____ 4. Aquí vive el delfín rosado   d. orquídeas

_____ 5. Desfile de los silleteros   e. Feria de las Flores

_____ 6. Aquí vive el cóndor   f. Nevado del Huila

4 **Responder** Answer these questions in Spanish. Use complete sentences.

1. ¿Cuál crees que es el carnaval más famoso del mundo? ¿Por qué?

_____

_____

2. ¿Cuál es el carnaval más famoso de los Estados Unidos? ¿Cómo se celebra?

_____

_____

Video Manual: ¡Vivan los países hispanos!

208

Lección 8 ¡Vivan los países hispanos! Video Activities

recursos

I CD-ROM
Lección 8

¡VIVAN LOS PAÍSES HISPANOS!   Lección 8

Ecuador

Antes de ver el video

1 **Más vocabulario** Look over these useful words and expressions before you watch the video.

Vocabulario útil		
algunas *some*	otro *other*	todo *every*
científico *scientist*	pingüino *penguin*	tomar fotografías *to take pictures*
guía *guide*	recurso *resource*	tortuga *turtle*

Mientras ves el video

2 **Marcar** Check off the verbs you hear while watching the video.

_____ 1. aprender   _____ 5. escribir   _____ 9. tener

_____ 2. bailar   _____ 6. estudiar   _____ 10. tomar

_____ 3. beber   _____ 7. leer   _____ 11. vivir

_____ 4. comprar   _____ 8. recibir

Después de ver el video

3 **Responder** Answer the questions in Spanish. Use complete sentences.

1. ¿En qué océano están las Islas Galápagos?

   _____

   _____

2. ¿Qué hacen los científicos que viven en las islas?

   _____

   _____

3. ¿Qué hacen los turistas que visitan las islas?

   _____

   _____

4. ¿Qué proyectos tiene la Fundación Charles Darwin?

   _____

   _____

5. ¿Cuáles son los animales más grandes que viven en las islas?

   _____

   _____

6. ¿Por qué son importantes estas islas?

   _____

   _____

Video Manual: ¡Vivan los países hispanos!

¡VIVAN LOS PAÍSES HISPANOS!

Lección 8

Perú

Antes de ver el video

1   **Más vocabulario** Look over these useful words and expressions before you watch the video.

Vocabulario útil		
canoa *canoe*	**exuberante naturaleza**	**ruta** *route, path*
dunas *sand dunes*	*lush countryside*	**tabla** *board*

Mientras ves el video

2   **Fotos** Describe the video stills. Write at least three sentences in Spanish for each still.

_____

_____

_____

_____

_____

_____

_____

_____

_____

_____

Después de ver el video

3   **Completar** Complete the sentences with words from the word bank.

aventura	kilómetros	pesca
excursión	llamas	restaurante
exuberante	parque	tradicional

1. En el Perú se practican muchos deportes de _____.

2. Pachamac está a 31 _____ de Lima.

3. La naturaleza en Santa Cruz es muy _____.

4. En el Perú, uno de los deportes más antiguos es la _____ en pequeñas canoas.

5. Caminar con _____ es uno de los deportes tradicionales en el Perú.

6. Santa Cruz es un sitio ideal para ir de _____.

¡VIVAN LOS PAÍSES HISPANOS!   # Lección 10

Argentina
Antes de ver el video

1 **Más vocabulario** Look over these useful words and expressions before you watch the video.

Vocabulario útil		
actualmente *nowadays*	gaucho *cowboy*	paso *step*
cantante *singer*	género *genre*	salón de baile *ballrooms*
barrio *neighborhood*	homenaje *tribute*	suelo *floor*
exponer *to exhibit*	pareja *partner*	tocar *to play*
extrañar *to miss*	pintura *paint*	surgir *to emerge*

2 **Completar** The previous vocabulary will be used in this video. In preparation for watching the video, complete the sentences using words from the vocabulary list. Conjugate the verbs as necessary. Some words will not be used.

1. Los artistas _____ sus pinturas en las calles.

2. Britney Spears es una _____ famosa.

3. El tango tiene _____ muy complicados.

4. El jazz es un _____ musical que se originó en los Estados Unidos.

5. El tango _____ en Buenos Aires, Argentina.

6. La gente va a los _____ a divertirse.

7. Las personas _____ mucho a su país cuando tienen que vivir en el extranjero.

Mientras ves el video

3 **Marcar** Check off the cognates you hear while watching the video.

_____ 1. adultos   _____ 7. dramático

_____ 2. aniversario   _____ 8. exclusivamente

_____ 3. arquitectura   _____ 9. famosos

_____ 4. artistas   _____ 10. gráfica

_____ 5. demostración   _____ 11. impacto

_____ 6. conferencia   _____ 12. musical

Después de ver el video

4 **¿Cierto o falso?** Indicate whether each statement is **cierto** or **falso**. Correct the false statements.

1. Guillermo Alio dibuja en el suelo una gráfica para enseñar a cantar.

   _____

2. El tango es música, danza, poesía y pintura.

   _____

3. Alio es un artista que baila y canta al mismo tiempo.

   _____

4. Alio y su pareja se ponen pintura verde en los zapatos.

   _____

5. Ahora los tangos son historias de hombres que sufren por amor.

   _____

6. El tango tiene un tono dramático y nostálgico.

   _____

5 **Completar** Complete the sentences with words from the word bank.

actualmente	compositor	fiesta	género	homenaje	pintor	surgió	toca

1. El tango es un _____ musical que se originó en Argentina en 1880.
2. El tango _____ en el barrio La Boca.
3. _____ este barrio se considera un museo al aire libre.
4. En la calle Caminito se _____ y se baila el tango.
5. Carlos Gardel fue el _____ de varios de los tangos más famosos.
6. En el aniversario de su muerte, sus aficionados le hacen un _____.

6 **Responder** Answer the questions in Spanish. Use complete sentences.

1. ¿Por qué crees que el tango es tan famoso en todo el mundo?

   _____

2. ¿Te gustaría (*Would you like*) aprender a bailar tango? ¿Por qué?

   _____

3. ¿Qué tipo de música te gusta? Explica tu respuesta.

   _____

¡VIVAN LOS PAÍSES HISPANOS!   Lección 10

Chile
Antes de ver el video

1 **Más vocabulario** Look over these useful words and expressions before you watch the video.

Vocabulario útil	
disfrutar (de) *to take advantage (of)*	**isla** *island*
grados *degrees*	**recursos naturals** *natural resources*
hace miles de años *thousands of years ago*	**repartidas** *spread throughout, distributed*
indígena *indigenous*	**vista** *view*

Mientras ves el video

2 **Fotos** Describe the video stills. Write at least three sentences in Spanish for each still.

_____
_____
_____
_____
_____
_____
_____
_____
_____
_____

Después de ver el video

3 **Completar** Complete the sentences with words from the word bank.

atracción	diferente	escalan	llega	remoto
característico	difícil	indígena	recursos	repartidas

1. Rapa Nui es el nombre de la Isla de Pascua en la lengua _____ de la región.

2. Esta isla está en un lugar _____.

3. Los habitantes de esta isla no tenían muchos _____ naturales.

4. En un día de verano la temperatura _____ a los 90°.

5. Las esculturas Moai son el elemento más _____ de esta isla.

6. Hay más de novecientas esculturas _____ por toda la isla.

7. Otra gran _____ de la isla es el gran cráter Rano Kau.

8. Los visitantes _____ el cráter para disfrutar de la espectacular vista.

Video Manual: *¡Vivan los países hispanos!*

¡VIVAN LOS PAÍSES HISPANOS!

Lección 10

Uruguay

Antes de ver el video

1 **Más vocabulario** Look over these useful words and expressions before you watch the video.

Vocabulario útil		
asado *barbecue*	campos *rural areas*	jineteadas *rodeo*
cabalgatas colectivas *caravans*	ganadería *ranching*	ranchos ganaderos *cattle ranches*
caballos *horses*	gauchos *cowboys*	siglos *centuries*

2 **Predecir** Based on the video stills, write what you think the video will be about.

_____

_____

_____

_____

Mientras ves el video

3 **Describir** Write a short description of the items.

1. Las estancias son _____

2. Los gauchos son _____

3. Las cabalgatas colectivas son _____

4. Las jineteadas son _____

Después de ver el video

4 **Responder** Answer the questions in Spanish.

1. ¿Te gustaría quedarte por unos días en una estancia? ¿Por qué?

_____

2. ¿Por qué crees que a los turistas les gustan estos lugares? ¿Por qué son tan especiales?

_____

3. ¿Hay en tu país hoteles parecidos a las estancias? ¿Cómo son?

_____

¡VIVAN LOS PAÍSES HISPANOS!

Lección 10

Paraguay

Antes de ver el video

1 **Más vocabulario** Look over these useful words and expressions before you watch the video.

Vocabulario útil			
alimento *food*	cortar *to cut*	hervir *to boil*	suplemento
amargo *bitter*	cultivar *to cultivate*	hojas *leaves*	alimenticio
asegurar *to maintain*	empresas *companies*	quemar *to burn*	*dietary*
calabaza *pumpkin*	fuente *source*	sagrada *sacred*	*supplement*

Mientras ves el video

2 **Ordenar** Number the sentences in the order in which they appear in the video.

_____ a. El mate es un alimento.

_____ b. Hay muchas técnicas para preparar el mate.

_____ c. Tomar mate era ilegal.

_____ d. El mate se toma a toda hora.

_____ e. La yerba mate crece en América del Sur.

_____ f. El mate tiene vitaminas, minerales y antioxidantes.

_____ g. El mate tiene un sabor amargo.

_____ h. Los indígenas guaraní creían que esta planta era un regalo de sus antepasados.

_____ i. El mate es típico de Paraguay, Argentina y Uruguay.

_____ j. El mate es usado por personas que quieren adelgazar.

Después de ver el video

3 **Fotos** Describe the video stills. Write at least three sentences in Spanish for each one.

_____

_____

_____

_____

_____

_____

_____

_____

Video Manual: *¡Vivan los países hispanos!*

recursos

I CD-ROM
Lección 10

¡VIVAN LOS PAÍSES HISPANOS!

Lección 10

Bolivia

Antes de ver el video

1 **Más vocabulario** Look over these useful words before you watch the video.

Vocabulario útil		
alimento *food*	particular *unique*	tratamiento *treatment*
enorme *enormous*	salar *salt flat*	

2 **Foto** Describe the video still. Write at least three sentences in Spanish.

_____

_____

_____

_____

_____

Mientras ves el video

3 **Marcar** Check off the cognates you hear while watching the video.

_____ 1. abundante   _____ 4. contacto   _____ 7. estrés   _____ 10. extraordinario

_____ 2. arte   _____ 5. cultura   _____ 8. exceso   _____ 11. presente

_____ 3. color   _____ 6. diversa   _____ 9. exótico   _____ 12. región

Después de ver el video

4 **Palabra correcta** The underlined elements in these statements are incorrect. Write the correct word on the space provided.

1. El salar de Uyuni está al <u>norte</u> de Bolivia. _____

2. La sal, sin exceso es <u>mala</u> para las personas que sufren de enfermedades de los huesos.

   _____

3. Los hoteles de esta región se hicieron con cuidado porque el contacto en exceso con la sal es

   <u>excelente</u> para la salud. _____

4. Estos hoteles ofrecen a los huéspedes masajes y otros tratamientos para aliviar el <u>acné</u>.

   _____

5. La sal se usa en Uyuni para <u>dañar</u> los alimentos. _____

6. El salar de Uyuni parece un gran <u>parque</u> de color blanco. _____

¡VIVAN LOS PAÍSES HISPANOS!

Lección 12

Guatemala

Antes de ver el video

1 **Más vocabulario** Look over these useful words and expressions before you watch the video.

Vocabulario útil		
alfombra *rug*	destruir *to destroy*	indígenas *indigenous people*
artículo *items*	época colonial *colonial times*	ruinas *ruins*
calle *street*	terremoto *earthquake*	sobrevivir *to survive*

2 **Describir** In this video you are going to learn about an open-air market that take place in Guatemala. In Spanish, describe one open-air market that you know.

mercado: _____

_____

_____

_____

_____

3 **Categorías** Categorize the words listed in the word bank.

bonitas	espectaculares	indígenas	quieres
calles	grandes	mercado	región
colonial	habitantes	monasterios	sentir
conocer	iglesias	mujeres	vieja

Lugares	Personas	Verbos	Adjetivos

Video Manual: *¡Vivan los países hispanos!*

Mientras ves el video

4 **Marcar** Check off what you see while watching the video.

_____ 1. fuente (*fountain*)

_____ 2. hombres con vestidos morados

_____ 3. mujer bailando

_____ 4. mujer llevando bebé en el mercado

_____ 5. mujeres haciendo alfombras de flores

_____ 6. niñas sonriendo

_____ 7. niño dibujando

_____ 8. personas hablando

_____ 9. ruinas

_____ 10. turista mirando el paisaje

Después de ver el video

5 **Completar** Complete the sentences with words from the word bank.

aire libre   alfombras   atmósfera   fijo   indígenas   regatear

1. En Semana Santa las mujeres hacen _____ con miles de flores.

2. En Chichicastenango hay un mercado al _____ los jueves y domingos.

3. En el mercado los artículos no tienen un precio _____.

4. Los clientes tienen que _____ cuando hacen sus compras.

5. En las calles de Antigua, los turistas pueden sentir la _____ del pasado.

6. Muchos _____ de toda la región vienen al mercado a vender sus productos.

6 **¿Cierto o falso?** Indicate whether each statement is **cierto** or **falso**. Correct the false statements.

1. Antigua fue la capital de Guatemala hasta 1773.

2. Una de las celebraciones más importantes de Antigua es la de la Semana Santa.

3. En esta celebración, muchas personas se visten con ropa de color verde.

4. Antigua es una ciudad completamente moderna.

5. Chichicastenango es una ciudad mucho más grande que Antigua.

6. El terremoto de 1773 destruyó todas las iglesias y monasterios en Antigua.

7 **Escribir** Write four sentences comparing the cities Antigua and Chichicastenango.

¡VIVAN LOS PAÍSES HISPANOS!   Lección 12

Honduras
Antes de ver el video

1 **Más vocabulario** Look over these useful words and expressions before you watch the video.

Vocabulario útil		
astrónomo *astronomer*	escala *scale*	quetzal *quetzal (a type of bird)*
clara *clear*	impresionante *amazing*	ruinas *ruins*
dentro de *inside*	piezas de arte *works of art*	serpiente *snake*

2 **Predecir** Do you remember the video from **Lección 4**? It was about the pyramids of Teotihuacán. In this lesson you are going to hear about other pyramids, those in the city of Copán, Honduras. Write a paragraph about the things you think you will see in this video.

_____

_____

_____

Mientras ves el video

3 **Marcar** Check off the words you hear while watching the video.

_____ 1. azteca   _____ 5. maya   _____ 9. Sol

_____ 2. bailes   _____ 6. ochocientos   _____ 10. Tegucigalpa

_____ 3. cultura precolombina   _____ 7. quetzal

_____ 4. grupos   _____ 8. Rosalila

Después de ver el video

4 **Seleccionar** Choose the option that best completes each sentence.

1. Una ciudad muy importante de la cultura _____ es Copán.
   a. olmeca   b. salvadoreña   c. azteca   d. maya

2. Desde mil novecientos _____ y cinco científicos han trabajado en estas ruinas.
   a. cincuenta   b. setenta   c. sesenta   d. noventa

3. Los mayas fueron grandes artistas, _____, matemáticos, astrónomos y médicos.
   a. maestros   b. estudiantes   c. arquitectos   d. cantantes

4. Ricardo Agurcia descubrió un templo _____ una pirámide.
   a. afuera de   b. cerca de   c. dentro de   d. a un lado de

5. En Copán encontraron el texto más _____ que dejó la gran civilización maya.
   a. extenso   b. corto   c. interesante   d. divertido

6. En Copán está el Museo de _____ Maya.
   a. Arte   b. Pintura   c. Escultura   d. Texto

Video Manual: *¡Vivan los países hispanos!*

¡VIVAN LOS PAÍSES HISPANOS!

Lección 12

El Salvador
Antes de ver el video

1 **Más vocabulario** Look over these useful words before you watch the video.

Vocabulario útil			
alimento *food*	fuente *source*	grano *grain*	salsa *sauce*

Mientras ves el video

2 **Marcar** Check off the verbs you hear while watching the video.

_____ 1. bailar _____ 5. describir _____ 8. saber _____ 11. usar

_____ 2. cocinar _____ 6. hacer _____ 9. servir _____ 12. vender

_____ 3. comer _____ 7. limpiar _____ 10. tocar _____ 13. vivir

_____ 4. decir

Después de ver el video

3 **Completar** Complete the sentences with words from the word bank.

aceite	fuente	pupusas
arroz	maíz	sal
camarón	postre	símbolo

1. En El Salvador el _____ es el alimento principal de la dieta diaria.

2. Las pupusas se comen a veces como _____ acompañadas de frutas.

3. En todos los lugares importantes de El Salvador se venden _____.

4. Para hacer las pupusas se usa maíz, agua, _____ y sal.

5. El maíz es una buena _____ de carbohidratos.

6. El maíz se ha usado como _____ religioso.

4 **Foto** Describe the video still. Write at least three sentences in Spanish.

_____

_____

_____

_____

_____

¡VIVAN LOS PAÍSES HISPANOS! Lección 14

Nicaragua
Antes de ver el video

1 Más vocabulario Look over these useful words and expressions before you watch the video.

Vocabulario útil		
artesanías *handicrafts, craft work*	dioses *gods*	ofrendas *offerings*
atractivos *attractions*	laguna *lagoon*	venado *deer*
burlarse *make fun (of)*	obras artesanales *handicrafts*	venerar *to worship*

Mientras ves el video

2 Marcar Check off the verbs you hear while watching the video.

_____ 1. bailan   _____ 4. comer   _____ 7. deriva   _____ 10. venden

_____ 2. burlan   _____ 5. correr   _____ 8. estudiar   _____ 11. veneraban

_____ 3. calmar   _____ 6. creían   _____ 9. jugar   _____ 12. ver

Después de ver el video

3 Emparejar Find the items in the second column that correspond to the ones in the first.

_____ 1. La más reciente erupción del Volcán Masaya   a. una celebración
_____ 2. Le daban esto a los dioses para calmar al volcán. b. ofrendas
_____ 3. *Mazalt* y *yan*   c. el volcán hacía erupción
_____ 4. Pasaba cuando los dioses estaban enojados   d. nombre *Masaya* en lengua indígena
_____ 5. el Torovenado   e. 1993

4 Respuestas Answer the questions in Spanish. Use complete sentences.

1. ¿Cómo se llama el pueblo donde está situada la laguna de Masaya?

_____

2. ¿De dónde se deriva el nombre *Masaya*?

_____

3. ¿Cuál es la fiesta más importante que se celebra en Masaya?

_____

4. ¿De quiénes se burlan los habitantes en estas fiestas?

_____

5. ¿Por qué se le conoce a Masaya como la capital del folklore nicaragüense?

_____

6. ¿Qué venden en el mercado, además de frutas y verduras?

_____

Video Manual: ¡Vivan los países hispanos!

¡VIVAN LOS PAÍSES HISPANOS!

Lección 14

Costa Rica

Antes de ver el video

1 **Más vocabulario** Look over these useful words and expressions before you watch the video.

Vocabulario útil		
bosque *forest*	guía certificado *certified guide*	riqueza *wealth*
conservar *to preserve*	nuboso *cloudy*	tiendas de campaña *camping tents*
cubierto *covered*	permitir *to allow*	tocar *to touch*
entrar *to enter*	regla *rule*	tortugas marinas *sea turtles*

2 **Foto** Describe the video still. Write at least three sentences in Spanish.

_____
_____
_____
_____
_____

Mientras ves el video

3 **Marcar** While watching the video, check off the rules that have been put in place to protect nature.

_____ 1. En el parque Monteverde no pueden entrar más de 150 personas al mismo tiempo.

_____ 2. Los turistas tienen que dormir en tiendas de campaña.

_____ 3. Los turistas no pueden visitar Tortuguero en febrero.

_____ 4. Después de la seis no se permite ir a la playa sin un guía certificado.

_____ 5. Los turistas no pueden tocar las tortugas.

_____ 6. En Tortuguero es prohibido tomar fotografías.

Después de ver el video

4 **Completar** Complete the sentences with words from the word bank.

acampan	entrar	pasan	prohíbe
conservan	estudiar	prefieren	transportan

1. En Monteverde se _____ más de dos mil especies de animales.

2. En este parque no pueden _____ más de 150 personas al mismo tiempo.

3. Algunos turistas _____ en Monteverde.

4. Otros _____ ir a los hoteles de los pueblos que están cerca de Monteverde.

5. Se _____ sacar fotografías.

¡VIVAN LOS PAÍSES HISPANOS! **Lección 14**

Panamá
Antes de ver el video

1 **Más vocabulario** Look over these useful words before you watch the video.

Vocabulario útil		
anualmente *annually*	**impresionante** *incredible*	**precioso** *beautiful*
arrecife *reef*	**lado** *side*	**según** *according to*
disfrutar *to enjoy*	**peces** *fish*	**torneo** *tournament*
especies *species*	**sitio** *site*	

2 **Responder** This video talks about the best places to dive and surf in Panama. In preparation for watching this video, answer these questions about surfing.

1. ¿Practicas el surf? ¿Conoces a alguien que lo practique? ¿Dónde lo practica/s?

   _____

2. ¿Te gusta este deporte? ¿Por qué?

   _____

Mientras ves el video

3 **Ordenar** Number the items in the order in which they appear in the video.

Después de ver el video

4 **Emparejar** Find the items in the second column that correspond to the ones in the first.

1. La Isla Contadora es la más grande _____
2. Allí siempre hace calor _____
3. En Panamá, los visitantes pueden bucear en el océano Pacífico por la mañana, _____
4. Las Islas de San Blas son 365, _____
5. En Santa Catarina los deportistas disfrutan de _____

a. por la noche.
b. del archipiélago.
c. la playa blanca y el agua color turquesa.
d. por eso se puede bucear en todas las estaciones.
e. una para cada día del año.
f. y en el mar Caribe por la tarde.

5 **Responder** Answer the questions in Spanish. Use complete sentences.

1. ¿Qué país centroamericano tiene costas en el océano Pacífico y en el mar Caribe?

_____

_____

2. ¿Por qué Las Perlas es un buen lugar para bucear?

_____

_____

3. ¿Cómo llegan los turistas a la Isla Contadora?

_____

_____

4. ¿Cómo se llaman los indígenas que viven en las Islas San Blas?

_____

_____

5. ¿Adónde van los mejores deportistas de surfing del mundo?

_____

_____

6 **Pasatiempos** Complete this chart in Spanish.

Mis deportes/ pasatiempos favoritos	Por qué me gustan	Dónde/cuándo los practico

¡VIVAN LOS PAÍSES HISPANOS!

Lección 16

España

Antes de ver el video

1 **Más vocabulario** Look over these useful words before you watch the video.

Vocabulario útil

antiguo *ancient*	empezar *to start*	niños *children*
blanco *white*	encierro *running of bulls*	pañuelo *neckerchief, bandana*
cabeza *head*	esta *this*	peligroso *dangerous*
calle *street*	feria *fair, festival*	periódico *newspaper*
cohete *rocket (firework)*	fiesta *party, festival*	rojo *red*
comparsa *parade*	gente *people*	ropa *clothing*
correr *to run*	gigante *giant*	toro *bull*
defenderse *to defend oneself*	mitad *half*	ver *to see*

Mientras ves el video

2 **Ordenar** Number the items in the order in which they appear in the video.

_____ a. cohete

_____ b. cuatro mujeres en un balcón

_____ c. gigante

_____ d. mitad hombre, mitad caballo (*horse*)

_____ e. muchas personas

_____ f. toro

Después de ver el video

3 **Fotos** Describe the video stills.

_____
_____
_____
_____
_____
_____
_____
_____
_____
_____
_____
_____
_____

Video Manual: *¡Vivan los países hispanos!*

¡VIVAN LOS PAÍSES HISPANOS!   Lección 16

Guinea Ecuatorial
Antes de ver el video

1 **Más vocabulario** Look over these useful words before you watch the video.

Vocabulario útil			
clave *key*	debido a *due to*	petróleo *oil*	se localiza *is located*
coco *coconut*	fuentes de empleo *sources of employment*	plátano *banana*	

Mientras ves el video

2 **Escoger** Choose the correct answer.

1. ¿Cuántos hombres caminan en el bosque?
   _____ dos   _____ tres

2. ¿De qué color es la iglesia?
   _____ amarrilla   _____ azul

3. ¿Qué es "Pelo-Panocha"?
   _____ restaurante-bar   _____ salón de belelza

4. ¿Cuántas mujeres están viendo los teléfonos celulares?
   _____ dos   _____ tres

Después de ver el video

3 **Completar** Complete the sentences with words from the word bank.

arquitectura	economía	frío	la costa oeste	petróleo	setecientos
cacao	el Golfo de Guinea	inglés	la isla de Bioko	plátano	tropical
coco	español	la costa norte	lenguaje	quinientos	

1. Guinea Ecuatorial se localiza en _____ de África.

2. En Guinea Ecuatorial el _____ es uno de sus lenguajes oficiales.

3. La influencia española se puede ver en la _____ de la capital.

4. La capital de Guinea Ecuatorial es _____.

5. Malabo se localiza en _____.

6. Guinea Ecuatorial tiene un clima _____.

7. En este país hay más de _____ mil habitantes.

8. El cacao es muy importante para la _____ del país.

9. El sector agrícola del _____ es una de las principales fuentes de empleo nacionales.

10. Otros productos agrícolas nacionales son el café, el plátano, la yuca, el aceite de palma y el

    _____.

11. En mil novecientos noventa y cinco se encontró petróleo en _____.

12. El principal producto de exportación del país es el _____.